EUROCRACY
vicini al baratro

Eugenio Benetazzo
Gianluca Versace

ISBN 978-1523813278

I lettori che desiderano informarsi sulle opere precedenti e redatte periodicamente dalla casa editrice oltre alle attività professionali dell'autore possono consultare **www.eugeniobenetazzo.com**

Stampa on demand a cura di CreateSpace, an Amazon.com Company nel pieno rispetto del patrimonio boschivo. Realizzazione grafica della copertina a cura di Elisa Massacra. Revisione del testo ed impaginazione nel mese di Febbraio 2016.

*Le quattro parole più pericolose
di un investimento sono:
questa volta è diverso.*
John Templeton

INDICE

PREFAZIONE

Raccontare oggi l'Europa e raccontarla con onestà intellettuale, in modo obiettivo, evitando faziosità politiche, equivale a descrivere una storica incompiuta, un'idea e un'idealità rimaste al palo, con buona pace dei nobili propositi e dei lungimiranti progetti dei padri fondatori.

Osservo con tutt'altro che malcelata soddisfazione, anzi, con sincero rammarico, che quel grande archetipo istituzionale e politico immaginato nel secondo dopoguerra da uomini decisi di mettersi alle spalle anni di guerra, distruzione e morte e di creare un'unione, meglio, un'Unione, nel nome della pace, della solidarietà, dello sviluppo complessivo dell'Europa, è ancora tutto o quasi da compiere.

Quegli uomini, quei leader illuminati, alla luce dell'attuale realtà, appaiono dei visionari, degli utopisti, perché il percorso da loro iniziato si è involuto, venendo troppo spesso svilito e offeso dai fallimenti e dal gretto burocraticismo di chi ha sin qui raccolto la loro eredità.

Doveva essere l'Europa dei Popoli e invece ha prevalso la gravezza degli Stati; doveva essere l'Europa dell'unità di intenti e della coesione, ma come ha insegnato, soprattutto all'Italia, la triste e scandalosa vicenda migratoria, ognuno si è curato il proprio orto, abbandonando i Paesi più esposti al loro destino; doveva essere l'Europa della crescita economica diffusa e ci si è accontentati di coniare una moneta unica, e nemmeno per tutti, che ha indebolito i tessuti produttivi, impoverito la gente e rafforzato banche e immarcescibili potentati; doveva essere l'Europa solida nei rapporti con il resto del mondo e invece, mancando totalmente una politica estera comune, appare subalterna e mestamente scodinzolante di fronte a chi realmente conta sugli scenari internazionali.

Le pagine scritte a quattro mani da Eugenio Benetazzo e Gianluca Versace denunciano alcuni di queste pesanti sconfitte che gravano su tutti noi e sul nostro futuro, che ci appaiono distanti e invece appartengono al nostro quotidiano, condizionano la nostra esistenza.

Voglio credere, però, diversamente dal titolo di uno dei capitoli, "Una Europa senza speranza", che possa esisterne una migliore di quella a cui apparteniamo oggi. Voglio crederci non certo per quel bisogno tutto politico di generare illusioni, ma perché sono convinto che esista davvero lo spazio per una Comunità Europea fatta di popoli e dai popoli, non da questa inconcludente e ancor più autoreferenziale burocrazia che domina su delega e per effetto della spartizione di governi centrali e, come nel caso italiano, centralisti.

Un'Europa di Regioni che progettano e agiscono insieme, concretamente vicina alle esigenze della gente: per un'Europa così, nonostante sia un'opera ardua, sento il dovere di lavorare come veneto, come amministratore, come uomo delle istituzioni, come cittadino.

Luca Zaia
Presidente della Regione Veneto
www.twitter.com/zaiapresidente

INTRODUZIONE

Saper dimenticare è un'arte o è una fortuna ? Direi, per esperienza diretta, che è una strana fortuna. Che richiede un'arte. Imparala e mettila da parte, esorta un vecchio adagio. Tuttavia, le cose che si vorrebbero dimenticare, sono le cose di cui meglio ci si ricorda. Chissà perché.

Io, per mestiere, faccio uso costante del muscolo della memoria. Mi muovo ogni santo giorno in una specie di mio percorso "crossfit" del ricordo. Finché posso, quindi, a corpo libero (come nella disciplina di rafforzamento e condizionamento fisico creato da Greg Glassman e Lauren Jenai). Senza protesi o diavolerie tecnologiche. Diciamo, a corpo e mente libera. Poi, quando proprio non ne posso più fare a meno, mi attacco alle macchine multifunzione: archivi e rete, possono venire in soccorso dei miei vuoti.

Ma resto convinto che la notizia più dirompente, più rivoluzionaria, è la memoria. Ricordare è tutto ciò che possiamo fare, per iniziare a cambiare.

Pare un paradosso, ma è la nostra memoria, pertanto, che costituisce (e sostituisce) la classica sfera di cristallo di maghi e indovini.

Mentre giro tra le mani una copia il nostro precedente (e fortunato) "Neurolandia", mi rendo conto che anche la qualità di Eugenio Benetazzo sia, anzitutto, quella di non dimenticare. Queste sono le sue solide radici: naturalmente, ci sono in lui la competenza e la preparazione, che ne fanno un economista autorevole ed indipendente, con una sua integrità e credibilità. Insomma un esperto seguito e qualificato: ma così, direte voi, ce ne sono molti al mondo. E poi c'è la chiaroveggenza, quel talento unico, prezioso, di saper vedere "prima di altri" gli eventi. Un talento che nasce dall'impegno, dall'autodisciplina per non disperdere la lezione che ci lascia il passato. Perché chi ha una memoria fatta di cenere e di vento, è destinato a ricadere negli stessi errori già commessi. E così, con questa capacità, ce ne sono pochissimi. A volte, Eugenio mi sembra così avanti che, quando si volta indietro, vede il domani.

Io credo che chi incarni doti così rare, abbia quasi un dovere morale, una "mission", se non un imperativo categorico: condividere il suo "dono" con le brave persone, i cittadini perbene, quelli che costituiscono da sempre la maggioranza silenziosa e calpestata, la spina dorsale di questa Italia in declino, avvitata in una spirale di crisi inarrestabile.

Quindi rieccoci, in questa nuova avventura editoriale, che come vedete abbiamo intitolato Eurocracy ossia eurocrazia, quella burocrazia impersonata dai cosiddetti euroburocrati.

Pensiamo che Eurocracy sia il libro giusto al momento giusto, cioè purtroppo il peggiore per noi cittadini, terrorizzati come siamo di precipitare e sfracellarci nel burrone.

Attenzione. Eurocracy non è un mantra, non offre occasioni per gesti scaramantici, non rassicura, né addolcisce. Non è un gratta e vinci, un ansiolitico o una polizza di rassicurazione: queste che leggerete, sono pagine nate dall'impegno alla verità. Alla libertà di giudizio. Alla chiarezza espositiva. E sono un farmaco molto efficace, contro l'epidemia dilagante della smemoratezza collettiva. Che, da sempre, fa il gioco dei potenti e dei loro maggiordomi. La supremazia del presente è al servizio del dispotismo del potere.

E un'altra cosetta. La condizione che ho sempre posto a Eugenio (accettata) è un po' il dato genetico del mio fare informazione, al servizio dei telespettatori di Canale Italia (quando sono in onda), o dei lettori, quando scrivo. Chiamare le cose con il loro nome. Sempre. Sennò faremmo un po' come quel vescovo medioevale che, un Venerdì Santo, si trovava nel refettorio della propria diocesi per il pranzo. Il prelato stava per addentare una bistecca succulenta, quando la voce sconcertata di un sacerdote l'aveva bloccato improvvisamente, con la forchetta a mezz'aria: Eccellenza, ma oggi è Venerdì Santo e il cuoco ha cucinato carne, mentre dovremmo mangiare di magro. Ma il vescovo non si scompose, e trovò la soluzione, dopo un attimo di perplessità. Fece il segno della croce sul piatto e rispose al commensale, di rimando: Allora, ego te baptizo piscem !

La carne ribattezzata in pesce: geniale, no ? Invece no, in queste pagine, vedrete che la carne non diventa pesce e viceversa. Al netto dei furbastri ribattezzamenti. Ricordo un episodio che mi capitò, anni fa, dopo una diretta: avevo parlato dell'aumento esponenziale, assurdo dei prezzi al consumo, dopo il change over tra lira ed euro.

Dissi, senza circonlocuzioni, che dipendeva certamente dai commercianti. Era loro responsabilità diretta ed era una loro decisione. Gli uffici stampa di un paio di organizzazioni di categoria mi ingiunsero subito di rettificare, per il mio bene: "No, dottor Versace, i rincari sono causati dalla filiera distributiva, i prezzi sono raddoppiati nel passaggio tra lira ed euro perché la situazione disfunzionale del comparto è assai complessa ed il problema è ben altro".

Al solito, il problema è ben altro. La stessa cosa mi capitò con i notai, quando dissi che trovavo questa figura corporativisticamente medioevale e presente non in tutta Europa: la corporazione insorse e si lamentò vibratamente con il mio editore. Che per fortuna mia, si fece una risata.

In Eurocracy il problema non è ben altro: quindi troverete cause ed effetti, precedenti e conseguenze, protagonisti e antagonisti. E tutti con il loro nome.

Noi sappiamo troppo poco (e male) di quel che ci sta succedendo. La colpa è sicuramente dei media di regime che fanno da grancassa interessata ai potenti. E della nostra pigrizia e disillusione, che ci rendono complici, dei primi e dei secondi.

Per capire, per conoscere e poter decidere sul proprio futuro, occorre inforcare degli occhiali che ci facciamo vedere bene, in mezzo al denso, acre fumo della disinformazione, delle mistificazioni e manipolazioni: Eurocracy vi offre queste lenti focali. Vi presta la chiave per non venire travolti. Per camminare fianco a fianco con il proprio tempo, cercando di cogliere il significato vero del cambiamento in atto, partendo sempre dalle sue necessarie premesse. Per partecipare alla costruzione del nostro destino, di popolo e di singole persone. Perché nei momenti di crisi, non conta quello che si inventa, ma quello che si custodisce. La storia della nostra libertà.

Gianluca Versace
gianversace@virgilio.it

1

Vicini al baratro

La mattina del 15 di settembre dell'anno 2008, era un lunedì, il prestigioso quotidiano dell'alta finanza Wall Street Journal intitolava così a sei colonne: "Crisi a Wall Street, Lehman in bilico Merrill in vendita e AIG in cerca di soldi". Quando si dice il caso: per sua sfortuna, il WSJ era andato in stampa "un attimo prima" che Lehman Brothers entrasse sotto tutela fallimentare in via ufficiale. Cioè, all'una e quarantacinque di notte. Mentre le rotative sfornavano il giornale intorno alla mezzanotte. Nella giornata, l'indice di borsa Dow Jones perse oltre 504 punti. Si trattava del crollo più rilevante dal 17 settembre 2001. Ovvero, dal primo giorno di scambi seguito ai misteriosi attacchi terroristici che distrussero le Torri Gemelle di Manhattan e con esse fecero franare tutte le certezze di una civiltà, la nostra. Come se fosse un fragile gigante di argilla. E tuttavia, pochi in quel frangente convulso compresero appieno che quello non era "un fallimento".

No, quello era il fallimento. La madre di tutti i fallimenti. Dopodiché, dunque, il default di Lehman avrebbe cambiato e sovvertito e sconvolto in modo irreversibile l'intera geografia economica dell'urbe terracqueo. Niente sarebbe stato più come prima, come i fatti si sarebbero incaricati di dimostrare. Il tempo vola. Sono passati ormai più di sette anni dal fallimento di Lehman Brothers, la società fondata nel 1850 da Henry Lehman, emigrato tedesco di origine ebraica, quell'evento funesto che ha rappresentato il nuovo Anno Zero economico per la nostra epoca, con un ritorno al futuro che ha riportato le lancette della storia al 1929, ben di più che una era geologica fa.

Quell'anno è un anno spartiacque: l'umanità intera – in una inconsapevole ma oggettiva prova tecnica di globalizzazione – sperimentò sulla propria pelle (e dentro le proprie tasche) la Grande Depressione.

La apocalittica, infernale crisi del 29, conosciuta storicamente anche come il crollo di Wall Street, fu una grave crisi finanziaria ed economica. Un terremoto globale, che sconvolse l'intero pianeta e sconquassò l'economia mondiale, come e più di un conflitto condotto con le armi. Niente e nessuno si poté dire al riparo delle sue conseguenze.

Le ripercussioni perdurarono come fossero scosse di assestamento del bradisismo finanziario, per tutto il decennio successivo. La vita delle persone ne fu tramortita, sovvertita, cambiata. La depressione ebbe origine da una serie di contraddizioni simili a quelle che avevano originato la crisi economica del 1873-1895. La scaturigine della nuova crisi si era avuta negli Stati Uniti. Con la crisi del New York Stock Exchange: la borsa della Grande Mela. Era il 24 ottobre del 1929. Quel dì sarebbe passato tristemente alla storia come il giovedì nero. Ad esso, fece seguito il crollo definitivo e devastante della borsa valori, nel martedì nero. Il disastro, avveniva dopo anni di boom azionario. La Grande Depressione ebbe effetti recessivi pesanti, tanto nei Paesi industrializzati, che in quelli in via di sviluppo ed esportatori di materie prime. Vi fu un verticale precipizio di domanda e produzione. Il commercio mondiale subì una flessione enorme e si tirò a fondo i redditi dei lavoratori, i prezzi e i profitti, il gettito fiscale e ogni aspetto legato all'economia, in pratica, non vi su settore ed area sociale a restare immune dal contagio.

Le città in tutto il pianeta furono colpite, in modo più sensibile le grandi conurbazioni occidentali che fondavano la propria economia ed il lavoro sull'industria pesante. Il settore del mattone, l'edilizia, che è da sempre la cartina al tornasole del grado di salute di una economia, subì un brusco arresto in tanti Paesi. Ma pure le zone e i territori agricoli, che basavano la loro esistenza nel settore primario, soffrirono pesanti contraccolpi: i prezzi collassarono, del 60-70 %. Le zone minerarie e le aree forestali subirono la contrazione secca della domanda, con una emorragia inarrestabile di posti di lavoro. E annesse fortissime tensioni sociali.

Il mondo, quindi, conobbe un rigurgito di arretratezza e declino. Fu come svegliarsi all'improvviso e riscoprirsi primitivi. E tutto ciò, dopo un problema che si era generato in un comparto squisitamente finanziario. Che, pertanto, non aveva tradizionalmente un aggancio con l'economia reale. Eppure, l'osmosi tra finanza e realtà era già così inestricabile, da rendere irrealistici ed inefficaci quelli che gli analisti chiamano "fire wall", ovvero le porte ignifughe, capaci di tenere fuori dalla nostra casa il grande incendio che divampa fuori. Non c'era e non c'è via di fuga, non c'è riparo.

Ora, come allora. Ad oggi, la crescita economica ed il ciclo economico globale si sono tutt'altro che ripresi e stabilizzati. Addirittura e in maniera inequivocabile, possiamo renderci conto di come si siano ampliati e marcati i differenziali di crescita tra le diverse aree macro-economiche del pianeta.

Si sta producendo una competizione continua e feroce tra aree del pianeta che si comportano come se fossero diretti concorrenti in una gara senza esclusione di colpi. Anche bassi. Una lotta cruenta, dicevamo, che rende l'intero equilibrio del pianeta a rischio di una crisi di nervi che potrebbe esserci fatale. Una scintilla, potrebbe mandare ogni cosa fuori controllo.

Gli ultimi cinque anni che abbiamo vissuto, male, hanno avuto come grandi attori protagonisti della scena mondiale, le banche centrali. Gli istituti di vigilanza e controllo monetario sono intervenuti con tempistiche e modalità tra loro diverse, e spesso anche divergenti. Per mitigare e gestire i vari momenti di tensione e turbolenza finanziaria, oltreché il disagio sul piano socio-economico che si è sempre più acuito nell'ultimo triennio. Con ricadute in termini di consenso elettorale e ridisegno del quadro politico nei vari Stati, travolti dalla crisi e dai suoi inarrestabili effetti a catena.

Le banche centrali delle economie avanzate – Stati Uniti, Inghilterra, blocco europeo e Giappone – hanno attuato, con tempistiche diverse, politiche monetarie espansive volte a salvaguardare la tenuta dei conti pubblici nelle rispettive aree di ingerenza e anche a consentire il ricorso al deficit da parte dei vari Governi, al fine di aumentare la spesa pubblica e, pertanto, creare le condizioni per una lenta stabilizzazione dei principali settori economici.

Quello che abbiamo imparato in questi ultimi anni è che le principali dottrine economiche insegnate negli ultimi cinquant'anni, nelle grandi università prestigiose di tutto il mondo, le possiamo definitivamente cestinare, in quanto il capitalismo ed il comunismo sono per sempre stati sdoganati come entrambi completamente fallimentari in momenti fra loro molto distanti. Ad oggi l'unico modello economico ancora in essere è rappresentato da una soluzione ibrida in cui convergono alcune istanze di socialismo, condite con presenza di spinte propulsive neo-liberiste, orchestrate da un establishment composto da organismi sovranazionali totalmente avulsi da ogni aggancio con il principio di rappresentatività democratica.

Il quadro macro-economico nel suo complesso è caratterizzato da molteplici drivers di sistema che sembrano ormai essere fuori controllo. Proviamo ad elencarli assieme.

Vi sono cinque grandi tematiche "core" che al momento stanno frenando come una zavorra l'economia mondiale, imballandola – in alcuni casi – in maniera anche preoccupante, compromettendo il benessere e lo sviluppo per gli anni a venire.

Al primo punto dobbiamo mettere necessariamente "questa" Europa. Anzi, questa Europa sotto assedio. Ovviamente, autocitandoci, siamo sempre più a Neurolandia ! L'assedio lo possiamo identificare sotto tre diverse direttrici.

Prima direttrice: l'assedio immigratorio, conseguenza della bomba demografica del Terzo e Quarto mondo. Sono ormai due anni ininterrotti, che i flussi di immigrazione incontrollata e senza regole piombano come uno tsunami nella periferia continentale. Sconquassandone i precari equilibri sul piano sociale, culturale e religioso. Con conseguenze che non abbiamo ancora misurato nella loro interezza, tutt'al più assaggiato. Soltanto negli ultimi dodici mesi del 2015, abbiamo visto come le autorità sovranazionali abbiano tentato di coordinare e gestire il fenomeno. Ma è di evidenza solare, che il fenomeno immigratorio, ormai con quantificazioni che integrano una invasione vera a propria, non è più governabile oppure volutamente non lo si vuole governare. A questo riguardo, troviamo non siano casuali le esternazioni del Segretario Generale dell'ONU, Ban Ki-moon, il quale nell'estate del 2015 ha esternato, in misura inequivocabile, la vera essenza del fenomeno immigratorio. Ovverosia la necessità, da parte delle nazioni europee, nessuna esclusa, di reperire nuove risorse umane giovani, che consentano di controbilanciare il deficit demografico che caratterizza tutta l'Unione Europea, in modo tale da consentire la sostenibilità finanziaria dei sistemi di welfare degli anni a venire e dei mastodontici debiti pubblici, precedentemente contratti.

Ricordate cosa disse l'allora premier Giuliano Amato, per intenderci lo stesso della rapina notturna ai nostri conti correnti, mettendo in relazione il rapporto tra calo demografico, immigrazione e versamenti previdenziali ? Amato, un uomo di governo non propriamente amato, rivolgendosi agli italiani sentenziò: "Cari connazionali, o fate figli o accettate gli immigrati".

Il ragionamento del cosiddetto "Dottor Sottile" partiva dalla pedestre considerazione che il calo demografico causato dalla riduzione della natalità peggiorava la struttura demografica, riducendo le classi di età attive e l'aumento delle classi di età anziane. Era l'inizio del nuovo millennio e si profilava un futuro con meno lavoratori e più anziani. Con il corollario di più pensionati a carico dello Stato e meno lavoratori che pagano i contributi previdenziali. Anche perché i nostri giovani, com'è noto, questo Stato li costringe a emigrare.

La ricaduta pratica della sortita di Amato era la seguente: l'Italia avrebbe avuto bisogno di una iniezione di almeno 300.000 immigrati ogni anno per raggiungere la stabilità previdenziale fra diversi decenni. Cifre che fanno sorridere, se rapportate all'ondata umana di questi mesi che ha investito le nostre coste a Sud, nel Mattatoio Mediterraneo infestato di scafisti negrieri e valicato il confine orientale, nell'area giuliana ed isontina, vero colabrodo e pacchia per i passeur.

Oltre un milione di immigrati pronti a sbarcare dalla Libia ed è niente rispetto al grosso dell'invasione. Nel 2050 oltre un terzo della popolazione italiana sarà composta da stranieri. Quelli già arrivati e quelli che approderanno attraversando il Mediterraneo sulle carrette del mare.

Questo è la sintesi dello studio denominato Replacement Migration e redatto nel corso del 2015 dal Dipartimento degli Affari Sociali ed Economici dell'Onu. Fotografando il futuro dell'Italia e dell'Europa in un melting pot culturale, un crogiolo informe che farà deflagrare mostruose tensioni sociali. Uno scenario voluto, cercato, perseguito da una regia precisa.

L'analisi dei movimenti migratori fatta dalle Nazioni Unite, dal 1995 per il nostro Paese, attraverso modelli matematici, stima la necessità di far entrare tra i 35.088.000 e i 119.684.000 immigrati per rimpiazzare i lavoratori italiani. I cervelloni dell'Onu ci spiegano che spalancare le porte ai migranti servirebbe ad evitare il collasso economico.

Considerate che tra due decenni gli over 60 saranno il 35 % della popolazione, se si suppone un tasso di natalità per donna inferiore a 1.3 bambini ossia i valori odierni. Pertanto lo sbarco in massa di manodopera giovane è visto come il puntello per evitare che il sistema pensionistico crolli.

A patto che gli stranieri vengano tutti assunti con contratti a tempo indeterminato o comunque vengano occupati in mestieri dove la quota di contributi versati sia abbastanza alta, per coprire le indennità dovute agli over 65.

Vi è di più per chi non lo avesse ancora capito. Il processo di sostituzione degli italiani con manodopera straniera è in piena attuazione. Lo conferma e testimonia il recente rapporto «Gli immigrati nel mercato del lavoro in Italia», della Direzione Generale dell'Immigrazione del Ministero delle Politiche sociali.

Se nel 2000 la percentuale di migranti rispetto alla popolazione italiana era del 2.2 %, tredici anni dopo la quota è salita al 7.4 %.

Il rapporto Onu peraltro glissa del tutto – e non è una sorpresa – sulle politiche in favore della famiglia per colmare il deficit di lavoratori. Troviamo quindi solo aride, asettiche statistiche e l'insistere ossessivamente, a botte di proiezioni e di percentuali, sull'assoluta urgenza di sostituire gli operai e impiegati italiani, francesi, inglesi, tedeschi e spagnoli con quelli provenienti dal Terzo Mondo.

Il livello demografico più alto dal dopoguerra l'Italia l'ha toccato nel 1995, con 57.338.000 residenti registrati. Da allora, la demografia tricolore ha registrato una lenta e progressiva discesa, accompagnata dal calo della natalità e dal costante invecchiamento della popolazione. Un fenomeno che condividiamo con quasi tutti i paesi europei: 1.5 figli per donna è la media nell'Ue. Troppo poco per mantenere gli attuali livelli di sviluppo e lo status quo.

E allora, come evitare che la «macchina» del nostro stato sociale s'inceppi e che milioni di anziani si ritrovino senza pensione ?

All'Onu hanno trovato soltanto una soluzione: riempire l'Europa di immigrati sradicati da Asia, Africa e Oceania. Questo lo scenario ampiamente prevedibile:

nell'anno 2050 dalle Alpi alla Sicilia risiederanno 26 milioni di immigrati. Ora sono 4,4 milioni contro i 7,8 presenti in Germania.

Proprio in Germania e in Italia, scrive il Dipartimento degli Affari Sociali ed Economici dell'Onu, le previsioni porterebbero, rispettivamente, al 30 e al 40 per cento la popolazione immigrata. E quindi, signori italiani: diciamo addio all'Italia, al Paese che abbiamo conosciuto ed ereditato dai nonni e dai padri, e diciamo addio per colpa nostra e soprattutto di questa classe politica ignobile e senza il barlume di una idea che non sia quella di fare gli interessi di chi ci vuole annientare. Ovviamente, per meglio spadroneggiare in casa nostra.

Ritorniamo sui nostri passi, la seconda direttrice: è l'assedio terroristico. Che in questi ultimi mesi abbiamo visto perpetrarsi con violenza inaudita e crudeltà efferata. L'attacco jihadista ha colpito il cuore dell'Europa in momenti diversi. Ma sempre rivendicati da una matrice islamica radicale, quella del Califfato Nero dell'Isis.

Non a caso, il 13 novembre 2015, con gli attacchi simultanei e coordinati al cuore di Parigi (130 morti e centinaia di feriti), è stato battezzato come l'11 settembre europeo, riferendosi ai fatti tragici di quattordici anni fa, quando l'America fu devastata dagli attentati terroristici legati alle Torri Gemelle. Facciamo un riepilogo dell'orrore che ha portato l'incubo nero in seno all'Europa.

Nel 2014, incalzato nella sue roccaforti in Siria e in Iraq, il califfato nero di Daesh ha allungato la sua ombra verso l'estero. Passando dai video propagandistici delle decapitazioni e delle raccapriccianti esecuzioni di infedeli e traditori, all'incubo degli attacchi nel cuore dell'Europa o nei Paesi del turismo occidentale, Egitto e Tunisia in primis. In gran parte i sanguinosi attacchi terroristici sarebbero stati pensati, pianificati e messi in pratica direttamente dai tagliagole da esportazione dell'Isis. Ma, anche se su questo versante tra gli analisti non c'è concordanza unanime, in altri casi il califfato avrebbe semplicemente ispirato uomini o donne entrati comunque in contatto con ambienti dell'Islam radicale.

Mercoledì 7 gennaio 2015 si partì con la strage nella redazione della rivista satirica Charlie Hebdo, colpevole di aver realizzato una vignetta sul califfo Abu Bakr al-Baghdadi.

L'attentato dei fratelli Kouachi fu in realtà rivendicato da al Qaeda nello Yemen, ma il loro complice Ahmed Coulibaly, ovvero l'autore del successivo eccidio al supermarket kosher di Parigi, nel conosciuto video postumo proclamava la sua fedeltà allo Stato Islamico.

A febbraio un altro killer entrò in azione a Copenaghen e anche in questo caso sarebbe stato ispirato dall'Isis.

Il 18 marzo fu la volta del museo Bardo di Tunisi e l'attacco - che mietè 23 vittime - fu direttamente rivendicato dai miliziani del califfato. Dei 22 morti, 4 furono nostri connazionali colpevoli solo di trovarsi nel posto sbagliato, al momento più sbagliato (pensate che uno di loro era parente di primo grado di un mio collega ed amico fraterno).

Poi, ancora nel mirino la Tunisia con la strage sulla spiaggia di Sousse del 26 giugno: 38 morti e l'inconfondibile "marchio di fabbrica" dell'Isis. L'11 luglio un'autobomba esplose fuori dal consolato italiano al Cairo, uccidendo una persona; i soldati dello Stato Islamico rivendicarono l'attacco terroristico sui social.

Il 10 ottobre due bombe falciarono 97 persone nel corso di una manifestazione pacifista che si svolgeva ad Ankara; gli inquirenti sospettarono da subito che dietro l'attentato vi fosse ancora la mano funerea dell'Isis. Il

31 ottobre un Airbus russo, partito dalla nota località turistica di Sharm el-Sheikh, precipitò nel Sinai: persero la vita tutte le 224 persone che si trovavano a bordo, tra cui molti turisti russi. L'inchiesta condusse dritta verso la pista della bomba piazzata nella stiva dell'aereo da un addetto dell'aeroporto del Cairo, affiliato e al soldo dell'Isis; un gruppo affiliato all'Isis rivendicò l'immane strage.

Nel frattempo il turismo nella regione egiziana è stato messo in ginocchio. Da quando l'esercito destituì il presidente eletto Mohamed Morsi, dei Fratelli musulmani, nel luglio 2013, l'Egitto è in preda a numerosi attentati jihadisti. Gli attacchi a Sharm e dintorni rappresentano un duro colpo per il Paese delle Piramidi, minando in questo modo uno dei pilastri portanti dell'economia egiziana.

Il 13 novembre tre commando entrarono in azione a Parigi massacrando 130 persone in quello che viene ritenuto il più sofisticato e spettacolare attacco all'Occidente dai tempi dell'11 settembre. La firma, anche in questo caso, è stata quella di Abu Bakr al-Baghdadi; e ancora una volta, come nei casi più remoti di Inghilterra, Olanda e Spagna, la maggior parte dei killer erano immigrati europei di seconda generazione.

Il 2 dicembre 2015, una coppia di pakistani radicalizzati, marito e moglie, uccide 14 persone a San Bernardino, in California: la giovane madre, prima di agire, espresse la propria fedeltà all'Isis.

E siamo già nel 2016. L'8 gennaio i terroristi islamisti hanno preso di mira ancora un resort di Hurghada, la perla balneare egiziana sulla costa continentale del Mar Rosso. Il bilancio è stato di tre turisti feriti e di due attentatori uccisi. Subito il ministero dell'Interno egiziano si è affrettato a chiarire che si sarebbe trattato di criminalità comune: ovviamente, non se l'è bevuta nessuno. Sarebbe stato più credibile certificare che tra le piramidi e le sfingi si possono avvistare asini volanti. Morale: il turismo egiziano è stato nuovamente affossato dal terrorismo.

Il 12 gennaio 2016 un kamikaze ha ucciso 10 turisti stranieri, di cui 8 turisti tedeschi, in una azione suicida a Istanbul. I media locali hanno rivelato che l'uomo aveva chiesto asilo in Turchia il 5 gennaio, cioè una settimana prima dell'attacco. L'attentatore è stato il 28enne Nabil Fadli, un siriano nato in Arabia Saudita, che avrebbe presentato la domanda di asilo all'ufficio dell'immigrazione di Zeytinburnu, a Istanbul, in compagnia di altri 4 uomini. A quanto pare, Fadli era appena entrato in Turchia dalla Siria.

Nell'ultimo mese del 2015, l'intelligence turca aveva lanciato diversi allarmi alle forze di sicurezza del Paese su possibili attacchi dell'Isis su vasta scala a turisti e stranieri. Gli allarmi erano datati 17 dicembre e 4 gennaio e allertavano sull'intenzione di diversi jihadisti entrati dalla Siria di condurre attacchi contro obiettivi turistici e contro le rappresentanze diplomatiche in Turchia dei Paesi Nato coinvolti nella guerra al califfato.

Dobbiamo ricordare per completezza di informazione che in Occidente, e nella Russia di Putin in particolare, è radicata la convinzione che la Turchia del "dittatore democratico" Erdoğan abbia adottato una politica ambigua nei confronti dell'Isis, favorendone più o meno direttamente l'espansione e il rafforzamento.

In realtà, la strategia turca verso il califfato di Raqqa appare chiara: nel corso del 2015, infatti, il governo turco ha sviluppato un approccio coerente, con l'obiettivo strategico di manipolare ed usare l'entità-Califfato per perseguire i propri interessi in quel che resta del Siraq (Siria e Iraq, riprenderemo l'argomento più specificatamente nel terzo capitolo). La dimensione delle relazioni tra Turchia e Stato Islamico forse più dibattuta e controversa in Occidente è quella sul passaggio attraverso l'Anatolia dei jihadisti che vogliono arruolarsi nelle milizie del califfato, e poi quello relativo alla fornitura di armi dal governo turco, in cambio del petrolio raffinato dai tagliagole con le loro efficaci raffinerie portatili e semoventi.

Va ricordato, ancora, che la tensione internazionale ha toccato il diapason con l'abbattimento del caccia Sukhoi dell'aviazione russa ad opera degli F-16 turchi al confine con la Siria. Ankara ha accusato il velivolo di essere entrato nel suo spazio aereo e di aver ignorato i ripetuti avvertimenti con cui gli sarebbe stato chiesto di allontanarsi. Il bilancio è stato di due militari russi morti: un pilota e un soldato della squadra di soccorso inviata con un elicottero. Ma da quel giorno i rapporti tra i due paesi si sono interrotti.

Ma l'inizio del 2016 è stato connotato anche da una vicenda a scoppio ritardato: nel senso che con una singolare, ma non casuale, rimozione attuata per alcuni giorni, i media tedeschi e non solo hanno intenzionalmente ritardato di raccontarla. Ovvero portare a conoscenza della pubblica opinione i fatti gravissimi accaduti la notte di Capodanno nella città di Colonia, conosciuta città extracircondariale della Germania, la quarta per numero di abitanti e la più grande del Land della Renania Settentrionale-Westfalia. Ma riassumiamo, vista l'importanza della spinosa questione, cosa sarebbe accaduto a Colonia mentre musiche festose e fuochi d'artificio davano l'addio al 2015.

Dunque, allora: la notte tra giovedì 31 dicembre e venerdì 1 gennaio decine di donne sono state molestate e persino aggredite sessualmente nel centro della città, a due passi dalla stazione. Gli assalitori, in un branco di centinaia di individui, sono stati descritti come stranieri, dalla pelle ambrata, probabilmente arabi.

Fa specie quel "sospetto" ritardo, come dicevamo: le donne iniziano a presentarsi alla polizia una dopo l'altra e nel giro di due tre giorni la storia appare in tutta la sua gravità. Le autorità di Colonia registrano almeno 170 casi, 90 denunce penali, molte per molestie sessuali (tre quarti) e due per stupro. I giornali e le tv tedesche tacciono per giorni, facendo finta che nulla sia accaduto. E iniziano a raccontare i fatti dopo quattro o cinque giorni. Potrebbe non essere senza un ruolo, in questa mega auto-censura, il fatto che la sindaca di Colonia è Henriette Reker. Che fu aggredita con un coltello da un estremista di destra.

Reker, 58 anni, data per "vicina" alle posizione della cancelliera Angela Merkel, ottenne una netta vittoria alle elezioni amministrative, con il 52.6 % dei voti. La Reker è nota per propugnare una politica di accoglienza dei migranti. Avvocato, Reker è stata responsabile per cinque anni di un centro di accoglienza profughi a Colonia. E il presidente della Camera, Laura Boldrini, brindava a Colonia, città dove vincono accoglienza e lungimiranza.

Il tweet della Boldrini, datato 18 ottobre 2015, suona oggi come un triste presagio della terribile emergenza stupri islamisti. Che, com'è evidente, sono stati pianificati e premeditati a tavolino. Con un duplice obiettivo: testare le capacità di reazione delle forze in campo del nemico; seminare il tarlo dell'insicurezza e della paura tra la popolazione e tra le emancipate donne del medesimo nemico, in particolare.

La polizia tedesca ha arrestato 31 persone: tra queste 18 sono richiedenti asilo ma, dicono le autorità, non sono sospettati di molestie sessuali, bensì di furto. Fra gli identificati ci sono 9 algerini, 8 marocchini, 4 siriani, 5 iraniani, un iracheno, un serbo, uno statunitense e due tedeschi. Non si conoscono le nazionalità dei richiedenti asilo, che non sarebbero sospettati di molestie sessuali.

Nel passare dei giorni, sono emersi casi anche ad Amburgo, a Stoccarda, Francoforte, Düsseldorf. La polizia afferma di aver ricevuto decine di denunce, oltre la metà legate a molestie sessuali, presentate da donne tra i 18 e i 25 anni. Come nelle deposizioni delle vittime di Colonia la descrizione degli aggressori parla di uomini dalla pelle scura e dalla parlata araba.

La Germania è al centro di una bufera di polemiche. Nell'occhio del ciclone c'è la polizia, accusata di non aver saputo gestire il caos. La Cancelliera Merkel è in grave difficoltà, pagando lo scotto per la sua politica delle porte aperte ai profughi, messa all'indice soprattutto dal movimento di super destra PEGIDA, Patriotische Europäer gegen die Islamisierung des Abendlandes, ossia Europei patriottici contro l'islamizzazione dell'Occidente.

Colonia, come dicevamo, ha 600.000 abitanti e ha accolto più di 10.000 richiedenti asilo, una bella fetta del milione a cui ha aperto le porte la Germania nel 2015. E ora finisce alla sbarra la politica delle porte aperte e anche il sindaco Henriette Reker, rea di aver detto che le autorità avrebbero pubblicato delle linee guida rivolte alle donne, un codice di comportamento per prevenire le molestie.

Intanto Angela Merkel, tramortita dai fatti, ha chiesto «che la piena verità venga messa sul tavolo» senza «sconti ed edulcorazioni» perché altrimenti si avrebbe un danno allo stato di diritto e alla maggioranza dei profughi. E qualcuno ha messo in relazione l'attacco a Istanbul del 12 gennaio 2016, di cui scrivevamo prima, con un kamikaze che ha preso di mira un gruppo di turisti tedeschi, ammazzandone 8 in una azione suicida a Istanbul, proprio come ritorsione e vendetta per il presunto cambio di rotta della cancelliera sull'accoglienza dei clandestini. Scrive l'antropologa Ida Magli sul quotidiano Libero del 13 gennaio 2016.

Sì, l'Unione Europea non progredisce. È in base a questa amara constatazione che è partito l'ordine di dare il via al programma di distruzione della civiltà europea per mezzo dell'invasione di popoli totalmente diversi: africani e mediorientali.

Un programma che faceva parte del progetto fin dall'inizio, ma che i politici di Bruxelles ritenevano di poter mettere in atto «con le buone», inculcando per anni il dovere e la bellezza dell'accoglienza, predicato da Papi e da Vescovi, da giornalisti e da innumerevoli trasmissioni televisive, senza mai alludere alle differenze fisiche, psicologiche, culturali, religiose, dei milioni di immigrati, differenze che anzi la Merkel una volta ha perfino negate, affermando che i musulmani sono della nostra stessa cultura.

Mentiva spudoratamente, è chiaro: in Germania esistono già da molti anni i tribunali islamici per gli immigrati, riservati alla gestione della giustizia secondo le leggi coraniche e tanto basta per affermare che appartengono ad un'altra cultura.

Ma la Merkel in realtà è stata usata fin dall'inizio dai costruttori della Ue per coprire, realizzandoli, i loro scopi. Naturalmente alla Merkel è piaciuto questo ruolo di capo dell'Europa, sia pure molto criticato tanto per la gestione economica e finanziaria indirizzata al rigore nella spesa quanto per l'eccessiva permissività nei confronti dell'invasione immigratoria.

Ma non è stata mai lei a comandare in quanto ha soltanto eseguito, coprendoli, i voleri dei mondialisti provenienti da Bruxelles. E adesso si trova a fare da capro espiatorio. Quello che è successo la notte di capodanno a Colonia è il risultato ultimo di tutto questo. L'enormità dell'invasione immigratoria non è stata sufficiente a far crollare le istituzioni politiche, a mettere in pericolo il sistema democratico?

Di fronte a tutti questi fallimenti possiamo supporre, anche se non ci sono le prove, che siano state le autorità di Bruxelles a voler dare un'accelerazione definitiva alla distruzione della civiltà europea. Con una trovata geniale è stato dato il via all'arma primordiale, quella che tutti i maschi hanno sempre adoperato sul nemico vinto: il possesso delle donne.

L'assalto era organizzato, su questo non ci sono dubbi. Maometto e i suoi compagni rapinavano, stupravano in un contesto bellico, dopo aver conquistato un villaggio o un paese, mai a freddo. A Colonia, invece, in una libera piazza di un giorno di festa come il capodanno, gli immigrati africani hanno finalmente dichiarato a se stessi e agli europei di essere ormai i padroni, sottomettendone le donne ai loro istinti sessuali.

I particolari, poi, dimostrano l'assoluto disprezzo che i musulmani nutrono verso le donne europee perfino nel farne il proprio oggetto sessuale: palpeggiamenti del seno, dita infilate nei pantaloni, gesti e scherzi riservati alle prostitute nelle bettole di periferia.

Le reazioni delle nostre istituzioni sono state quasi inesistenti. Non si è sentita la voce né del Papa né dei capi di governo, tutti sempre schierati dalla parte degli immigrati e soprattutto dei musulmani. Anche le donne hanno parlato poco e senza l'aggressività che un simile episodio avrebbe dovuto suscitare.

Dei maschi, poi, non si sa che dire: il lungo trattamento devirilizzante cui sono stati sottoposti inibendo qualsiasi espressione e qualsiasi comportamento non politicamente corretto e incitandoli all'omosessualità, sembra averli ormai ridotti a ombre, a simulacri della mascolinità. Insomma la *nostra società è giunta là dove si voleva che giungesse: ha perso l'identità e la forza che proviene soltanto da una forte identità. Ma questo non ha portato a quello che i mondialisti credevano che sarebbe avvenuto: una più facile integrazione e omologazione degli immigrati. È stata indebolita la cultura europea fino quasi alla morte, ma nessun musulmano abbandona la propria religione in quanto questa è anche la sua cultura.*

Le culture muoiono, ma non si integrano. E come potrebbero integrarsi visto che sono costruite su un sistema logico di significati?

C'è chi già grida allo scandalo perché alcuni Stati, di fronte all' enorme pericolo per la propria sopravvivenza dell'invasione immigratoria, hanno sospeso la loro adesione a Schengen, impedendo la libera circolazione delle persone all'interno dell'Europa. Sarebbe bene che tutti i politici riflettessero su questa decisione perché costituisce un primo passo indispensabile per tentare di salvarsi. I politici italiani lo faranno?

L'abbiamo citata ampiamente, la Magli, perché, lungi da essere ciò che Giuliano Ferrara definirebbe argomentazioni da scompartimento di prima classe, le sue righe sono di una onestà intellettuale e una capacità di sintesi della verità, finanche disarmanti oltre che liberatorie.

E quindi, rispettando le tesi di Ida Magli, proviamo a rendere giustizia a Oriana Fallaci, ostracizzata ed emarginata per avere avuto il coraggio e la lungimiranza di prevedere il nostro futuro.

Torniamo tuttavia ancora a noi: la terza tipologia di assedio, è quello squisitamente politico. E partitico. Si tratta dell'assedio che stanno portando avanti i movimenti populisti anti-europeisti che, negli ultimi due anni, si sono visti proliferare per sporulazione, avanzando indisturbati in tutto il vecchio Continente:

dalla Grecia, passando per l'Italia, arrivando alla Francia; dall'Inghilterra, passando per la Germania, arrivando alla Spagna, senza dimenticare, anche, le varie periferie.

E' di evidenza lapalissiana che il fiorire di questi fronti populisti è la conseguenza inevitabile di politiche di austerity proposte con troppa disinvoltura e con un taglio troppo tecnico hanno favorito il consenso popolare di questi movimenti, che propongono semplicemente la rottura con l'establishment sovranazionale europeo di stampo teutonico, per riportare l'Europa e le sue popolazioni regionali in una sfera di governo retta tra equità e giustizia sociale.

Ammesso e non concesso che siano questi i reali propositi di queste forze, essi contrastano con le esigenze economiche di competitività che oggi l'Europa deve fronteggiare con altre aree geografiche che sono diventate non più nostri partner, ma nostri diretti ed agguerriti competitors su scala planetaria.

Sempre l'Europa è il malato d'eccezione, al momento attuale, per i rischi ormai più che oggettivi della deflazione. Vale a dire l'incapacità dei prezzi di salire nel tempo con incrementi fisiologici. La deflazione, al presente, rappresenta l'incubo peggiore per il nostro banchiere centrale, Mario Draghi che prova a fare di tutto, nella speranza che si riesca nel giro di dodici/diciotto mesi a riportare l'inflazione perlomeno ad un tasso controllato del 2 %. Oggi come oggi, un orizzonte assai arduo da concretizzare.

L'arma più pesante di Draghi e di Eurotower è il cosiddetto bazooka del programma di quantitative easing, cioè l'acquisto massiccio di titoli dagli intermediari finanziari (banche e fondi), proprio nel tentativo (disperato) di immettere liquidità al sistema finanziario e per questa via combattere la micidiale, mortale deflazione. L'unico modo per usare la politica monetaria per influenzare l'economia è tramite l'acquisto di titoli. Come si sa, la Bce può stampare quanto denaro vuole aggiungendo qualche zero su un monitor. Il piano di acquisti vale 1.140 miliardi e continuerà, al ritmo di 60 miliardi al mese, almeno sino all'autunno di quest'anno o comunque fino a quando l'inflazione non tornerà ad avvicinarsi al 2 per cento, quando oggi si attesta ad un meno 0.3 per cento.

L'impatto complessivo per l'Italia è stato sui 150 miliardi di euro. 130 acquistati dalla Banca d'Italia e 20 direttamente dalla Bce. Peraltro, la divisione del rischio tra Francoforte e le istituzioni nazionali è stato uno dei punti più contestati dai tedeschi che volevano evitare la totale mutualizzazione del rischio sovrano.

In effetti, i mercati hanno reagito, con un impatto sui rendimenti dei titoli di Stato di Francia, Belgio e Germania, in forte calo, dato che proprio lì si sono concentrati gli acquisti della Bce.

Le banche dovrebbero avere più liquidità, da usare per finanziare famiglie e imprese. Basterà ? Diremmo di no, dato che esiste già un eccesso di denaro a disposizione a basso costo, ma vi è poca domanda. E il perché è evidente: nessuno consuma e investe, se pensa che non ci sarà la ripresa.

Ma vi sarebbe un altro beneficio del quantitative easing: con più euro in circolazione, il tasso di cambio dovrebbe indebolirsi rispetto alle altre principali divise, in particolare al dollaro. Rendendo quindi le nostre esportazioni più competitive. Poiché chi compra, all'estero, paga meno. L'euro è a 1.08 sul dollaro e da mesi continua a scendere, e questo effetto si potrebbe attribuire proprio a Draghi.

Ma il pericolo maggiore del quantitative easing è che non funzioni. Negli Usa, in passato ha dato effetti, altrove decisamente di meno. La struttura finanziaria europea vede le imprese che si finanziano in banca e non tanto con l'emissione di obbligazioni. E questa caratteristica di fondo del nostro tessuto produttivo di base rende i presunti benefici assai incerti.

Altra criticità non di poco conto è che non esiste un piano B: se il quantitative easing non riuscirà a ridare slancio all'economia europea, il contraccolpo di delusione sarà fortissimo.

Non solo: rendendo meno convenienti investimenti a basso rischio come i titoli di Stato, la Bce spinge gli investitori ad assumersi più rischi investendo altrove pur di ottenere rendimenti decorosi, un tempo caratteristica propria dei titoli di stato. Si possono quindi creare bolle che, quando si sgonfiano, producono feriti, e invece quando scoppiano purtroppo vittime. Aggiungiamo inoltre che gli europei più poveri, che non hanno risparmi e quindi neppure investimenti, non hanno benefici diretti da questo programma.

Per ultimo, non possiamo dimenticare come, per quanto i banchieri centrali possano avere l'occhio vigile sulla crescita dell'economia europea, il prossimo anno ci troveremo a fronteggiare svariati appuntamenti elettorali; uno fra tutti quello francese, probabilmente seguito da quello italiano, arrivando sino al Regno Unito con il fatidico referendum per l'uscita dall'Unione Europea. Sappiamo benissimo come ad oggi questi appuntamenti debbano essere considerati una sorta di minaccia per la stabilità di quello che rimane dell'Unione Europea, in particolar modo riferendosi al referendum inglese ed alle presidenziali francesi, che potrebbero, solo loro, mutare, a fronte di una vittoria corposa del Front National, l'intero equilibrio geopolitico di tutta l'Europa.

Riprendendo la disamina iniziale, il secondo driver di

sistema è riconducibile, invece, alla rivoluzione dello shale oil messa in atto dagli Stati Uniti d'America, ancora alcuni anni fa con la scommessa strategica sull'industria estrattiva del greggio non convenzionale, che negli anni precedenti, ha consentito al Governo dello Zio Sam di potersi affrancare dagli approvvigionamenti di materie prime energetiche in Medio Oriente diventando invece, proprio loro stessi, esportatori netti di petrolio e gas.

Stiamo parlando di una vera e propria rivoluzione industriale epocale. Questa rivoluzione, infatti, non ha perso tempo a farsi sentire. Le conseguenze le abbiamo viste tra la fine del 2014 e la fine del 2015 con una caduta, quasi vertiginosa, del prezzo del barile che in 18 mesi, dai 90 dollari, si è portato, ormai, in prossimità dei 25 dollari il barile.

Questo, per chi stesse leggendo, può essere considerato un aspetto più che competitivo: lo è sicuramente in quanto va ad impattare sui costi di manifattura e di produzione di molteplici attività industriali e correlate, pensiamo solo alla logistica dei trasporti, tuttavia, vi è anche poi un aspetto secondario molto rilevante legato ai Paesi esportatori di greggio ed ai loro fondi sovrani.

Questi ultimi infatti per drenare risorse finanziarie necessarie a compensare la caduta dei profitti da esportazioni petrolifere devono vendere sui mercati finanziari tutti gli assets di cui possono fare a meno o in taluni casi che non vorrebbero proprio liberarsi.

Questo fiume di vendite improvvise si ripercuote pesantemente sull'andamento dei mercati tanto azionari quanto obbligazionari con ovvie ricadute su tutta l'industria del risparmio gestito e relativi prodotti collegati – pensiamo tanto ai fondi pensione quanto ai normalissimi fondi comuni di investimento.

Un petrolio troppo a basso costo inoltre paralizza

definitivamente gli investimenti in ricerca e sviluppo di fonti di energia pulita o rinnovabile (altra necessità a livello mondiale), in quanto questi ultimi non vengono considerati più tanto strategici essendo il greggio una materia prima a buon mercato e soprattutto disponibile in misura significativa, molto più rispetto al precedente decennio.

Per l'uomo medio della strada sembrerà assurdo sentirselo dire, tuttavia corriamo molti più rischi di instabilità finanziaria con un prezzo del barile a trenta dollari piuttosto che a settanta.

Il terzo driver di sistema è rappresentato, invece, dall'incognita cinese. Abbiamo visto che cosa è accaduto durante la fine della scorsa estate in cui il Governo di Pechino ha dovuto palesare la presenza di due bolle che minavano la propria economia: quella immobiliare e quella finanziaria. È inutile nascondersi, negli ultimi anni la Cina è cresciuta, anche grazie al ricorso tanto al debito facile, quanto ad una massificazione immobiliare che ha poi consentito la crescita e la spinta propulsiva di gran parte dell'economia cinese.

L'audace compito del Presidente Xi Jinping è quello di supervisionare il cambiamento strategico di modello economico che il Partito Comunista ha deliberato per la Cina, quest'ultima diventata nel precedente decennio la più grande fabbrica del mondo, il cui potenziale di crescita economica era essenzialmente basato sulle esportazioni di beni di consumo verso i paesi partner. Xi Jinping, il quale oggi si narra abbia addirittura più potere di Mao Tze Tung, deve trasformare, invece, la Cina in un Paese con un'economia aggrappata a consumi interni e, quindi, ricreare le condizioni affinchè lentamente il Paese passi da un'economia di pura esportazione ad un'economia matura in grado di autosostenersi. Questa è la sfida che Pechino ha innanzi a sé, oltre a quella di riuscire sapientemente e con grande tatto a sgonfiare il bubbone finanziario che è venuto a crearsi sui mercati azionari e soprattutto sul circuito del credito immobiliare.

Al momento attuale gli operatori di borsa e gli analisti finanziari confidano che le autorità cinesi abbiano tutti gli strumenti e possano intraprendere tutte le strade necessarie affinché vengano smontati i pericoli che sono dietro l'angolo, tutt'altro che leggeri. In vero se questo non dovesse riuscire, aspettatevi la fine dei due mondi, quello occidentale e quello orientale, almeno per come siamo abituati a conoscerli.

Passando, per chiudere, al quarto driver di sistema non possiamo dimenticare quello che sta accadendo in Medio Oriente. Questa parte del pianeta ritorna ad essere un'area particolarmente calda e instabile su cui sono presenti più forze che mirano a contendersi il controllo e l'ingerenza su questo vasto territorio. Torneremo a parlarne più avanti soffermandoci maggiormente su questo argomento, tuttavia la vicenda siriana, che potrebbe andare avanti ancora per numerosi anni, è legata all'importanza ed al ruolo strategico che riveste questo piccolo Stato per tutta la logistica del trasporto del gas nei confronti del secondo mercato energetico del mondo, ossia l'Unione Europea. Infine, il quinto driver di sistema che vuol rappresentare in realtà una grande tematica di riflessione, che è quella dei Paesi emergenti i quali si trovano al momento interamente sotto scacco. I Paesi emergenti non possono più essere considerati all'unisono tutti uguali. Abbiamo Paesi che si trovano a vivere un momento di straordinaria propulsione e crescita, grazie a importazioni di materie prime a costi particolarmente convenienti e competitivi. Facciamo il caso dell'India e del Messico e viceversa a Paesi, invece, che si trovano in profonda difficoltà a causa di un crollo delle proprie aspettative di ritorno economico, a seguito di una diminuzione di valore di quasi tutte le commodity. E qui potremmo citare il caso del Brasile e della Russia; due grandi players planetari che da quasi due anni ormai si trovano in recessione economica.

I Paesi emergenti si dividono sostanzialmente in due grandi categorie: quelli che crescono se il prezzo delle materie prime industriali scende e, viceversa, i Paesi emergenti che crescono, se crescono gli investimenti e le attività in beni di consumo dei Paesi riconducibili alle economie avanzate. Pertanto, da come possiamo comprendere, vi sono dei Paesi che potrebbero, per questo, trovarsi in profonda criticità negli anni a venire e così facendo trascinarsi dietro le loro aspettative di sviluppo e soprattutto dovrebbero ridimensionare le proprie stime di crescita.

Pertanto, il quadro che abbiamo delineato attraverso queste cinque aree tematiche di sistema - denominate drivers - che sono tra di loro collegate e contigue, dovrebbe far capire al piccolo risparmiatore, al piccolo imprenditore, al piccolo investitore che, se nell'epoca post-fallimento Lehman Brothers avevamo timore che si verificassero fenomeni esogeni di portata finanziaria-economica che avrebbero impattato negativamente sulla nostra vita, sul nostro portafoglio o sulla stabilità finanziaria del nostro Paese, oggi dovremmo essere consapevoli che questa tipologia di rischio si è notevolmente amplificata arrivando al punto tale che gran parte dell'establishment finanziario per il quadro che abbiamo delineato, teme il baratro che potrebbe verificarsi nel corso dell'anno. Un baratro di portata prima finanziaria in grado di abbattersi nuovamente e pesantemente sull'economia reale, proprio come avvenne nel 2008, un baratro che, ancora una volta, produrrà effetti distorsivi nel vivere quotidiano e soprattutto sull'andamento di tantissimi strumenti finanziari quotati e non quotati.

È per questo motivo che chi ci governa e chi si occupa di amministrare i nostri capitali, al momento è particolarmente preoccupato, teso, timorato da quello che potrebbe accadere nel corso del 2016. A maggior ragione dovrebbe esserlo almeno anche il piccolo risparmiatore che deve essere consapevole della situazione molto ardua e critica che caratterizza questa nuova fase epocale post grande crisi finanziaria, che potrebbe tuttavia evolvere – peggiorare - in una nuova grande depressione economica.

2

Una Europa senza speranza

Una puntualizzazione doverosa, per cominciare il secondo capitolo di Eurocracy. Abbiamo elencato poco sopra, quasi con pignoleria, i multipli eventi tragici legati agli attacchi terroristici di matrice islamista, in un'impressionante serie tra il 2015 e l'inizio del 2016. Prove gravi, precise e concordanti, potremmo dire mutuando il linguaggio penalistico, di una azione criminale pianificata a tavolino.

Sarà anche excusatio non petita. Ma ugualmente precisiamo: l'abbiamo fatto non tanto per un gusto malsano e voyeristico dell'horror. Quanto piuttosto per un fastidioso, inquietante retropensiero che ci molesta, senza tregua, e da cui fatichiamo ad affrancarci.

La dietrologia è questa qua: qualcuno da qualche parte potrebbe pensare che sinché i cittadini vivono stretti nella paura, angosciati, incerti e in costante allarme, insomma meno liberi di vivere e di muoversi, fisicamente e mentalmente, essi tirano i remi in barca. Non disturbano i manovratori, che li ammoniscono con pomposa seriosità come "ora bisogna restare uniti". Tradotto: senza permettersi di dissentire. Insomma, i cittadini tornano sudditi. E i sudditi debbono la loro stessa sopravvivenza al sovrano e non hanno né voglia né tempo né concentrazione né soprattutto la libertà per farsi le domande giuste.

Anche e soprattutto, visto il tema del libro, in ambito economico. A cui potrebbero seguire le risposte corrette. Poiché, non conosciamo un'altra strada per trovare risposte convincenti, che porsi i quesiti giusti. Ma ecco che una sorta di complesso o senso di colpa ci assale, inducendoci all'autocensura e al silenzio complice con i nostri stessi aguzzini, come accade in ogni fase, appunto, emergenziale e di grande pericolo. Quando chi osa criticare, è bollato come un pericoloso disfattista da emarginare e ostracizzare. Armi di distrazione di massa, le si usa definire.

Certo che il terrorismo è una emergenza. Ci mancherebbe. Chi sarebbe tanto stolto da osare metterlo in dubbio ? Ma il terrore lo è sempre stato, una emergenza, in un passato neppure tanto remoto, ideologicamente o religiosamente fanatizzato, esso è sempre stato utilissimo ad assecondare disegni paralleli di potere più o meno segreto. A questo è servita, ad esempio, la cosiddetta e sanguinosissima "strategia della tensione", gestita nel nostro Paese dai servizi segreti deviati al soldo di organizzazioni occulte. A ciò sono servite le infiltrazioni sotto copertura, all'interno delle svariate ed effimere sigle terroristiche. Ma anche di potentati mafiosi, i cui progetti e programmi criminali sono stati indirizzati dove l'estasblishment desiderava.

La storia, com'è noto, tende a ripetersi, con le opportune varianti congiunturali e pertanto non stupisce che la congerie impressionante di episodi particolarmente tragici di cronaca nera, che hanno colpito e caratterizzato tutta l'Unione Europea alla fine del 2015, abbiano messo in secondo piano e in subordine le criticità e le tematiche economicamente e finanziariamente hardcore che hanno tenuto sotto scacco e con il fiato sospeso tutto il Vecchio Continente ed i mercati finanziari del mondo intero, in particolar modo durante l'estate che abbiamo ormai alle spalle. Nella torrida estate 2015 ha tenuto banco, con modalità mediaticamente ossessionanti, tamburreggianti, il tema del terrore in combinato disposto con quello dell'invasione di clandestini. Definiti profughi, migranti economici, rifugiati o richiedenti asilo, a seconda del punto di vista che fa comodo.

Apriamo una parentesi: chi sono queste persone ? Dopo il caso Colonia con le molestie sessuali di massa, che vi abbiamo ricordato in precedenza, la domanda si è rincorsa con affanno. Al netto della indignazione più o meno ipocrita e pelosa. Rispondiamo con il supporto dei ricercatori sociali: sono giovani uomini, soli e con un sentimento di rabbia e di odio verso chi li accoglie. Cioè, noi. Questo dato incontrovertibile, al di là dell'impressione soggettiva che ne ricaviamo passeggiando nelle nostre città, oppure osservando gli sbarchi nelle immagini dei tg, ha già e avrà massimamente una conseguenza sulla nostra qualità della vita. L'Europa di domani, sarà al maschile.

E subirà un forte innalzamento dei suoi livelli di criminalità. Che come è noto, hanno un connotato ormonale maschile preponderante. In generale, infatti, l'80 e fino al 90 % dei crimini – con piccole differenze da Paese a Paese – viene perpetrato da giovani uomini adulti.

Il pericolo è doppio, a causa dell'ondata volutamente incontrollata di immigrati maschi: poiché lo squilibrio di genere, non è neutro. E il 73 % degli 1.2 milioni di questi cosidetti richiedenti asilo in Europa, secondo i recenti dati diffusi dall'Economist, sono appunto giovani maschi. Erano il 66 % nel 2012. L'Italia guida la lista, con il 90 % di richiedenti asilo composto da ragazzi. In secondo luogo, la maggioranza più influente di questi giovani uomini soli, ha un credo legato ad una religione, l'Islam, che essi possono interpretare e vivere come una legittimazione al loro senso di superiorità nei confronti della donna. Considerandola come un essere inferiore, nella loro piena ed incondizionata disponibilità.

In base ad una ricerca dell'Università di New York, sul lungo periodo, le società con un numero alto di soggetti maschi che restano ai margini del tessuto sociale ed economico, perché impossibilitati a ricongiungersi con le famiglie di origine o di sposarsi e crearsi una propria famiglia nella terra di accoglienza, per assoluta mancanza di mezzi economici e culturali, sono instabili. E riversano questa emarginata instabilità commettendo crimini, consumando e spacciando droga, entrando in gang di fuorilegge, diventando manovalanza nei traffici illeciti della criminalità organizzata autoctona.

I fattacci di Colonia, pertanto, sono ben di più di un semplice campanello di allarme. Colpisce il dato riferito alla Svezia. Che, tra settembre 2014 e 2015, ha accolto tre richiedenti asilo ogni 1.000 abitanti. In percentuale, il Paese più "accogliente". Il 17 % di questi accolti, sono maschi giovanissimi. Di età tra i 14 e i 17 anni. Un numero destinato ad alterare in modo permanente ed irreversibile i delicatissimi equilibri "di genere" nel Paese nordico. Al presente, vi sono 106 teenager maschi ogni 100 teenager femmine. Se tutte le richieste di asilo venissero accolte, la proporzione cambierà: 116 a 100.

In base alle cifre divulgate da Eurostat, sui richiedenti asilo, l'Italia ha la più alta percentuale di richieste maschili rispetto agli altri Stati di Neurolandia: a far tempo ad ottobre 2015, infatti, il 90 % delle istanze erano di uomini, per la maggior parte tra i 18 e i 34 anni. Questo quadro, avrà pesanti ricadute socio-economiche. In termini di stasi nel progresso dei diritti e quindi di neo-arretratezza, persino nelle conquiste legate all'emancipazione femminile, frutto di decenni di battaglie civili.

Qualcuno tuttavia (o per fortuna) non accetta sommessamente questo stupro culturale ben orchestrato. Le otto sigle che aderiscono al gruppo europarlamentare Enf, delle destre, si sono ritrovate il 28 e 29 gennaio 2016, nella prima convention di Milano, sotto l'egida della Lega Nord di Matteo Salvini.

E Marine Le Pen, che è stata un po' la "star" della due giorni milanese, all'unisono con il leader del Carroccio 2.0, ha sottolineato che nel Vecchio Continente "l'immigrazione di massa è l'ultimo braccio armato dell'europeismo, ossia impoverire le nazioni europee e uccidere per sempre la loro civiltà". Salvini e la leader del Front National hanno poi denunciato che secondo loro "è in atto una sostituzione organizzata di popoli per avere nuovi schiavi" al servizio dei potentati economici. Una visione non certo peregrina, né inverosimile. Tutt'altro.

Insomma, questo nuovo fronte euroscettico politicamente trasversale ha rilanciato con forza e coesione finora inedite la proposta di una "Europa dei popoli" o post-Ue: meno regole soffocanti di quella che questo nostro libro chiama "Eurocracy" e istituzioni comuni più leggere e meno opprimenti, a cominciare dalla fine della moneta unica, con una possibilità più ampia di stringere accordi commerciali bilaterali.

Ma una sorta di fantasma o convitato di pietra aleggiava alla convention: il trattato di Schengen. Sulla cui dipartita scommettono Salvini e Le Pen.

Lo spazio Schengen, lo ricordiamo, è una zona di libera

circolazione per le persone, che prevede l'abolizione dei controlli alle frontiere, salvo circostanze eccezionali (come si è verificato, ad esempio, in occasioni di incontri di calcio particolarmente rischiosi per la presenza di alcune tifoserie di ultras).

Aderiscono a Schengen 26 Paesi, di cui 22 dell'Ue e quattro non appartenenti all'Ue. Sono fuori dall'accordo di libera circolazione, Bulgaria, Cipro, Romania e Croazia. Irlanda e Inghilterra non hanno aderito alla convenzione, esercitando la cosiddetta clausola di esclusione.

All'interno della zona Schengen, i cittadini dell'Ue e quelli di Paesi terzi possono spostarsi e muoversi liberamente senza essere sottoposti a controlli alle frontiere: un bel passo avanti, in termini di libertà ed integrazione europea, non c'è che dire. E lo può affermare chi, come chi scrive, ricorda molto bene l'epoca precedente a questa. Quella dei muri e dei valichi frontalieri presidiati.

Tuttavia, l'accordo prevede una clausola di tutela. Che consiste, per l'appunto come dicevamo poc'anzi, nel ripristino delle frontiere chiuse, ma solamente in casi temporanei e di comprovata emergenza nazionale. Pertanto, come si può leggere nella documentazione della Commissione Europea relativo all'articolo 26, una decisione statuale in tal senso dovrà essere motivata e sorretta da una "minaccia grave per l'ordine pubblico e la sicurezza interna" oppure da "gravi lacune relative al controllo delle frontiere esterne", che potrebbero mettere a repentaglio il funzionamento generale dello spazio Schengen.

A gennaio 2016, in seguito all'abnorme, incontrollabile afflusso di immigrati clandestini, profughi e richiedenti asilo compresi, gli Stati europei hanno invitato la Commissione Ue a preparare le procedure per l'attivazione dell'articolo 26 del codice Schengen. I ripristinati controlli alle frontiere sarebbero estesi fino a due anni. E la Commissione potrà concedere la sospensione di Schengen ai richiedenti di sei mesi in sei mesi. Mentre mandiamo in stampa "Eurocracy" sono sei i Paesi di Neurolandia che hanno in corso i controlli alle frontiere interne: Francia (dopo gli attacchi terroristici di matrice jiadista), Danimarca, Norvegia, Germania, Austria e Svezia. Quest'ultima, in particolare, è pronta ad attuare vere e proprie espulsioni di massa dei clandestini: nel funesto giorno dell'ennesimo tragico naufragio nell'Egeo (24 vittime, tra cui 18 bambini), il governo di Stoccolma annuncia che espellerà tra le 60 e le 80 mila persone a cui è stata respinta la richiesta di asilo. Evidentemente, per assenza dei requisiti. Come dovrebbe succedere anche da noi in Italia, sommersi come siamo da un'ondata enorme di giovani maschi, a tutti gli effetti clandestini e quindi illegali, perché immigrati per mere soggettive ragioni economiche. Dovrebbe, se solo vi fosse un governo capace di farlo.

Non basta ancora, poiché un altro segnale di "chiusura" europea arriva dall'Olanda: che rispedirà con i treni e voli speciali in Turchia tutti i richiedenti asilo che arrivano dalla Grecia via mare. In cambio di un piano di ingresso regolare in Europa per accogliere tra i 150mila e i 250mila rifugiati.

Il giro di vite svedese, con la chiusura della propria porta di casa, giunge da parte dell'esecutivo del premier Mark Rutte, dopo la barbara uccisione di una ragazza di 22 anni, responsabile di un centro per minori stranieri alle porte di Goteborg, massacrata da un 15enne dopo un violento litigio finito nel sangue. Un fatto che ha destato grande impressione e sollevato scalpore e indignazione in Svezia. E la spinta della pubblica opinione svedese dunque ha costretto il governo a correre ai ripari, dopo un paio di giorni di riflessione.

Questa è l'aria che tira, davanti all'assalto di un numero di migranti così elevato. E ai rischi che Oriana Fallaci, ricoperta di vituperi e contumelie dalla nostra sinistra benpensante (in una antica saldatura con i potentati economici ed industriali, come scrivevamo prima) sino ad essere costretta ad un auto esilio, aveva denunciato e previsto prima di tutti parlando di "Eurabia" e della panzana del pacifismo multiculturalista. E concludeva:

Ci sono momenti, nella Vita, in cui tacere diventa una colpa e parlare diventa un obbligo. Un dovere civile, una sfida morale, un imperativo categorico al quale non ci si può sottrarre.

Parole sacrosante. Che dovrebbero, a nostro giudizio, essere da monito e memento per le generazioni future. Perciò, abbiamo pensato di riproporle in un testo come quello che vi ritrovate tra le mani e sotto gli occhi e che ha lo stesso imperativo categorico: quello di dire la verità.

Torniamo comunque a ciò che l'Unione Europea ha vissuto, nei mesi di luglio e agosto 2015: probabilmente si è trattato di uno dei suoi peggiori momenti degli ultimi quindici anni, ovvero dall'ingresso della moneta unica. Vi sono state le vicende infinite della tragedia greca, oggi curiosamente "oscurata" dagli attacchi dei terroristi islamisti che hanno colpito Parigi la sera del 13 novembre. La perdurante drammaticità del vivere quotidiano nel piccolo paese Ellenico, nonostante la bizzarra cortina di silenzio dei media di regime, ci fa capire come ciò che tutti abbiamo vissuto nella durissima estate 2015 non debba essere considerato un momento definitivamente sdoganato nella vicenda tristemente nota della crisi greca.

Con il trascorrere delle settimane, la forza politica nuova della sinistra radicale, nota come Syriza, che aveva sbandierato, attraverso il suo portavoce Alexis Tsipras, un cambio epocale e rivoluzionario per tutto il Paese, mettendo valori di equità e solidarietà sociale, oltre ad un ripristino del significato greco della parola "democrazia", si è rarefatto. Poi ridimensionato e infine spento, nel frastuono imbarazzante del litigio da comari tra Tsipras e del suo ex ministro delle finanze, il centauro Gianis Varoufakis.

Costui, ad un certo punto è assurto ad un effimero e passeggero ruolo di divo dei media mondiali. Ma dopo le dimissioni, su di lui è calata la ghigliottina. Tanto da doversi districare da un'accusa di alto tradimento, che gli ha mosso il procuratore della Corte Suprema greca. Con la richiesta di revoca dell'immunità parlamentare. Ad adire l'Alta Corte è stato un avvocato di una piccola isola greca, che accusa Varoufakis di non aver rispettato il mandato ricevuto.

La questione riguarda l'avvio della trattativa con i creditori internazionali e la Troika – il triumvirato composto da Fmi, Bce e Commissione Ue, istituzione criminale secondo Beppe Grillo - per accertare se sia rimasta entro i "confini" stabiliti dal mandato o se li abbia travalicati. In questo caso, scatterebbe il reato di alto tradimento. E c'è chi lo accusa di aver divulgato dati sensibili e personali; chi chiede una commissione parlamentare di inchiesta per accertare se vi sia stato un suo ostruzionismo nelle interminabili trattative per il salvataggio. Quando si dice, dalle stelle alle stalle. Ma questa è la situazione: nell'attuale Europa di governi-fantoccio, spadroneggia la Troika assieme a tutte le sue creature monetarie, che nessuno di noi cittadini europei abbiamo mai deciso e scelto. E' la Troika a decidere le sorti di un popolo e di una Nazione. Segnando la fine della sovranità e autonomia nazionale. Crediamo che i cittadini dei vari popoli europei, andrebbero informati meglio, cioè in modo completo e chiaro, su dinamiche europee che sono parte integrante della nostra vita e che ci riguardano in prima persona. Condizionandoci l'esistenza. Non va mai dimenticata la lezione di un grande economista prestato alle istituzioni, Luigi Einaudi: Conoscere, per deliberare. Quindi, per decidere consapevolmente bisogna sapere le cose. Sempre.

Torniamo a Syriza: è stata marchiata da una grande delusione, proprio alla fine del primo semestre di mandato, quando il Primo Ministro greco, per gestire e provare a trovare una soluzione tra le parti, ossia tra le autorità sovranazionali, i grandi creditori della Grecia e la popolazione stessa, ormai in ginocchio e alla fame, calò le braghe.

La vittoria di Syriza, a nostro avviso, avrebbe dovuto essere un'occasione di riflessione su un nuovo ciclo politico europeo, dopo 15 anni di poliarchia fallimentare. La poliarchia è stata la coesistenza di rappresentanza territoriale espressa dalle assemblee elettive con i poteri di fatto, tipo imprese oligopolistiche, monopolistiche e tecnostrutture non di promanazione elettiva. Quella che abbiano definito poliarchia è nata sbilanciata vistosamente verso poteri di fatto privi di legittimazione popolare e pertanto democratica. Fino a produrre un esecutivo misto di oligarchia e plutocrazia. Con il risibile filtraggio tecnocratico della Commissione Ue. La grandissima parte della neurotecnocrazia che ci comanda, non è mai solo oligarchia: essa è stata cooptata nei gangli del neuropotere per clientelismo, mai per meritocrazia.

Questo è il tragicissimo viatico dell'affermazione di Syriza, e in seguito di Podemos in Spagna, ovvero il furto con destrezza ai popoli europei della propria libertà di autodeterminazione e decisione politica. Con la sospensione, verso la soppressione, dei momenti di chiamata elettorale.

Negli anni Novanta, l'esuberanza in borsa e l'infatuazione per le magnifiche sorti e progressive della new economy, aveva condotto le banche inglesi, tedesche e francesi a elargire investimenti colossali al Sud Europa, cui si sono addizionati i finanziamenti europei dei cosiddetti fondi strutturali. Una specie di cassa del mezzogiorno di Neurolandia. Tutto ciò alla fine è degenerato, finendo fuori controllo. A tal segno che una quota parte rilevante del colossale debito accumulato dall'Europa meridionale nasce direttamente da questa neuroprassi di megagalattici investimenti per alimentare un circuito perverso, depravato di speculazioni finanziarie a debito, pronube dei default dei medesimi Paesi.

La Grecia è stato il punto più basso di questa catastrofe criminale: culla della democrazia, ma non immune da militari dittature, la Grecia è stata anche la culla infetta di una macchina infernale, diabolica di clientelismo di massa. Facendo crescere all'inverosimile una disuguaglianza e sperequazione sociale profonda, basata su parassitismo castale e statalismo corrotto. All'ombra del Partenone, facendo girare e rigirare Pericle nella fossa, è allignato senza freni di sorta un gran ballo di sprechi pubblici e coacervi assistenzialistici. Voti di scambio e sperperi pubblici senza vergogna. Sotto l'egida di un regime cleptocratico puntellato, come da noi in Italia, dalla partitocrazia. Fino al default voluto da Frau Angela Merkel. Eppure, la vittoria di Tsipras poteva essere l'inizio di qualcosa di nuovo. E antico: una politica realista senza essere senza ideologie, capace di autocritica senza gettare nell'Egeo tutta la storia di un grande popolo sgovernato da una accozzaglia di incapaci, capace di reagire ai pericoli di una nuova deriva verso l'autoritarismo. Una casa comune di genti devastate da politiche neo-schiaviste e aberranti, poiché siamo convinti che Syriza sia stata la risposta sbagliata a una esigenza sacrosanta. Quella di reagire alla insensibilità di fronte alla sofferenza ed al dolore sociale, che è intrinseca a banchieri e tecnocrati che gremiscono la nostra Neurolandia.

Dopotutto, realismo e compromesso restano l'essenza dell'arte della politica, quando si spengono i riflettori, le telecamere e i microfoni. E invece no. La speranza di una Grecia che si appellava al cuore del mondo, si è spenta quasi subito.

Certo, noi crediamo che Syriza avesse in sé un vizio di fondo, in termini di ambizione smodata e di promesse oggettivamente impossibili da mantenere: Syriza si è proposta come la provvidenziale panacea, ovvero la miracolistica soluzione a tutti i mali della Grecia. Mali, ricordiamolo, che non sono stati prodotti dall'Unione Europea o dall'Euro, bensì da un immobilismo greco negli ultimi dieci anni e ad un malcostume politico che non ha niente da invidiare a quello italiano, come spiegavamo poche righe qui sopra.

Purtroppo di fronte allo spettacolo desolante e inconcludente del procrastinare alle calende (greche), del portare avanti senza costrutto, dello spostare continuamente a una incerta, indecifrabile data futura, tutta una serie di consistenti riforme strutturali, necessarie come l'aria a quel piccolo paese europeo, hanno prodotto richieste quasi obbligatorie dai creditori internazionali. Syriza, si potrebbe quindi catalogare come un grande movimento all'origine di protesta popolare che ha mosso e ha sviluppato tantissimo rumore per nulla ! Perché poi, in termini pratici e alla fine della variopinta fiera della chiacchiere, non ha concluso nulla.

Lo abbiamo percepito con la sigla in calce al memorandum di intesa con l'Unione Europea. Allorquando, eravamo in prossimità dell'estate 2015, si paventava addirittura l'uscita della Grecia dall'Unione Europea.

Il temuto Grexit, ricordate ? Le minacce e gli ultimatum che hanno dato le autorità sovranazionali europee, a fronte dell'esito del referendum che ha messo in fibrillazione i già sovraeccitati mercati finanziari del mondo, hanno dimostrato come i movimenti cosiddetti "euro populisti ed euro scettici", quando sono chiamati a fronteggiare i cogenti ed indifferibili impegni istituzionali di un Paese o salvaguardarne la ricchezza, i sistemi di welfare e i risparmi della loro popolazione, fanno un passo indietro.

E il perché è di una disarmante semplicità: essi si rendono conto che è facile stare all'opposizione blaterando, abbaiando alla Luna e criticando a vanvera. Ma quando ci si trova seduti nella Stanza dei Bottoni e bisogna governare, insomma bisogna decidere, allora ci si rende conto che è d'uopo assumere determinazioni e compiere scelte che molto spesso possono sembrare impopolari. Con gli inesorabili contraccolpi in termini di consenso. Ricordiamo quanto andava spiegando un illustre politicante italiota: "Noi sappiamo benissimo cosa dovremmo fare, per affrontare e risolvere i problemi dei cittadini. Non sappiamo però, dopo averlo fatto, come farci rieleggere".

La Grecia ha dimostrato, per prima, come una parte dell'Europa che conosciamo, la dobbiamo considerare salva e protetta. E tuttavia, il Paese che aveva l'opportunità di gettare alle ortiche l'austerity, il diktat europeo e, soprattutto, le grandi manovre "lacrime e sangue" della Troika, alla fine, ha dovuto accettare un compromesso al ribasso. Ha dovuto accettare l'umiliazione di piegare la testa, cospargerla di cenere e firmare qualsiasi tipo di soluzione di emergenza venisse proposta. Arrivando ad episodi di rottura con il passato in cui, in cinque giorni, la Grecia ha dovuto implementare affannosamente riforme strutturali, che non sono mai state prese in considerazione nei cinque anni precedenti.

Noi adesso però sappiamo e ve lo diciamo chiaro e tondo, che dal punto di vista finanziario il debito di Atene, in termini quantitativi e qualitativi, è un fardello insostenibile nel lungo termine. Questa e non un'altra è la verità delle cose.

Pertanto, è molto plausibile che nell'estate del 2016, dovremo rivedere nuovamente la Grecia sotto assedio. Visto che a nostro giudizio sono del tutto inadeguate le misure tampone, i prestiti ponte e gli aiuti che sono stati concessi al sistema bancario ellenico. Ricordiamo sempre la serrata bancaria di oltre trenta giorni, con il congelamento delle quotazioni dei Titoli di Stato e delle azioni alla Borsa di Atene, che non si era mai visto prima negli ultimi tre decenni in un Paese ad economia avanzata. E ricordiamo ancora le immagini strazianti dei pensionati in lacrime, disperati, riversi più che seduti a terra, sul marciapiedi davanti alle banche chiuse e senza liquidità.

Non facciamoci e non fatevi illusioni. La Grecia è ancora un osservato speciale. Un paziente infetto di un virus temibile, che non è ancora uscito dall'area di quarantena. E che potrebbe ancora contagiarci con il suo stesso morbo. La Grecia, sta vivendo con profonda drammaticità un tentativo di ristrutturazione dei propri conti interni, nella speranza che le operazioni di riforma strutturale rendano effettivamente più competitivo il mercato del lavoro, la libera impresa e – soprattutto – la fiscalità.

Ricordiamo come questo piccolo Paese, vanti uno dei primi record per evasione fiscale nell'Unione Europea. E pertanto, le generazioni elleniche passate presenti e future pagheranno a caro prezzo l'immobilismo e l'inconcludenza dei loro politicanti. Per non aver mai messo in essere grandi mutamenti, grandi cambiamenti di scenario e grandi riforme.

Oltre alla Grecia, che poteva esprimersi per dare un colpo da KO all'Unione Europea nella speranza di rigettare l'austerity, la severità dei conti e le manovre di risanamento contabile, a distanza di alcuni mesi abbiamo avuto anche il Portogallo che, alla fine di settembre 2015, ha riconfermato il Governo di centro-destra liberale pro austerity, nella consapevolezza che, avendo visto quanto vissuto dalla Grecia, non era il caso di andare a compromettere ulteriormente la situazione di disagio e difficoltà che attanagliava pure Lisbona.

La Spagna, alla fine di dicembre 2015, con il suo voto, ha fortemente ridimensionato i partiti anti-Euro e anti-Europa. In Spagna il volto della ribellione all'Eurocracy di Neurolandia ha un nome: Podemos. Noi possiamo, letteralmente tradotto: è un partito di sinistra ambientalista fondato il 16 gennaio 2014 dallo scrittore e giornalista 35enne Pablo Iglesias. La piattaforma programmatica di Podemos è imperniata sull'ambientalismo, sulla lotta alle grandi imprese, alle banche e alla finanza speculatrice. Potremmo sintetizzare all'ingrosso: a favore dell'economia reale e contro quella virtuale e drogata. Nel programma di Podemos, si prevedono incentivi alla piccola impresa artigianale, alla produzione locale di coltivazioni, e al trasporto pubblico. Iglesias si dice favorevole alla nazionalizzazione di gran parte dei servizi pubblici. Podemos, in definitiva, non si oppone solo all'attuale classe politica spagnola, ma prende posizioni molto dure contro l'Unione Europea e la sua deriva germanocentrica: insomma, secondo Podemos il baricentro tedesco della Ue sarebbe la causa principale della grave situazione economica della Spagna, alle prese con una disoccupazione al 24 per cento. Il doppio dell'Italia.

Nel programma di Podemos, movimento molto presente e forte on line, inoltre, si fanno riferimenti alla possibilità di ridiscutere o revocare il Trattato di Lisbona, tra i trattati fondanti dell'Ue, e alcuni accordi di libero scambio. Podemos chiede un referendum per l'indipendenza da introdurre nella Costituzione.

Ma la Spagna è ingovernabile. A settimane dal voto, l'accordo sulla maggioranza è rimasto bloccato dai veti incrociati. Nel frattempo, Podemos si è significativamente ridimensionata, diventando non una credibile e spendibile forza politica di Governo, ma soprattutto non mettendo in condizioni una sinistra radicale o un centro sinistra di poter governare il Paese. Le elezioni di fine 2015 in Spagna ci hanno fatto capire che il malcontento popolare è presente, e anche giustificabile, in gran parte della periferia europea.

Ciò nonostante, nel momento in cui la popolazione viene chiamata ad esprimersi per un cambio di rotta o per una messa al bando delle rigide e ottuse politiche di austerity, ecco che ci si guarda bene dal premere quel pulsante fino in fondo. Sapendo i rischi impliciti che quel tipo di percorso può produrre, può generare e può fare correre. A tutti.

Alla fine chi ha denaro, chi ha risorse, chi ha capitali,

chi ha beni immobili, chi ha pensioni, chi ha rendite, difficilmente è disposto a metterle a rischio, nella speranza che un cambio di rotta politica possa effettivamente mutare il quadro sia dal punto di vista socio-economico che macro-economico. E produrre un danno a chi ha comunque qualcosa da perdere.

In sintesi estrema, possiamo renderci conto di come oggi l'Unione Europea sia un malato cronico, non terminale, per quanto concerne tutte le aree ad economia avanzata.

Noi questo lo abbiamo percepito, sempre durante la citatissima estate del 2015, quando i fenomeni incontrollati di immigrazione clandestina, poi ribattezzati in forme di migrazione per disagio economico, e di cui parlavamo nel capitolo precedente, ci hanno messo davanti all'immagine di una Europa in grado di crescere economicamente soltanto e a condizione di fare ricorso al debito. E questo è un driver che tutti possono condividere, perché quello che è accaduto negli ultimi dieci anni, sia per il debito nazionale che per il debito privato, ha consentito il mantenimento di determinati livelli di spesa.

Inoltre, sempre ritornando alle dinamiche legate ai fenomeni migratori biblici e di massa, incontrollati per vocazione, l'Europa, come dicevamo, ha bisogno di massive risorse umane provenienti da fuori confine a causa del deficit demografico di cui è caratterizzata. E questo deficit demografico, la strutturale de-natalità, deve essere compensato con apporti di risorse umane prelevati da altre aree limitrofe o contigue.

Questo per consentire, come già abbiamo accennato, una sostenibilità finanziaria dei propri sistemi di welfare state, cioè di stato sociale, partendo dalla Spagna e arrivando fino ai Paesi Scandinavi, per sorreggere i propri debiti pubblici contratti nei decenni precedenti. Nei prossimi cinque anni capiremo se l'Europa sarà in grado, attraverso una armonizzazione delle principali politiche economiche e fiscali, di trovare e impostare una rotta con una meta ben prefissata e non navigando a vista, come sta facendo in questi ultimi tre anni di Eurocracy.

Di certo, abbiamo compreso come ormai i Paesi della periferia continentale non siano più in grado di sopportare un evento esogeno improvviso come, ad esempio, un grande shock finanziario. Che potrebbe riproporsi e riprodursi, poiché ve ne sono tutti i prodromi e le avvisaglie, nel corso del 2016. Da questo punto di vista pensiamo a quello che sta accadendo in Cina, ovvero a una significativa, ulteriore contrazione dei consumi a livello della propria economia interna.

La debolezza strutturale della domanda interna – ormai un dato fisso e non variabile - non fa, purtroppo, presagire a grandi colpi di scena negli anni a venire. Soprattutto in considerazione della favorevole convergenza delle variabili macroeconomiche, come il costo delle materie prime, petrolio in primis, il rapporto di cambio particolarmente favorevole all'export e una politica dei tassi d'interesse che, ci auguriamo, possa durare ancora per svariati anni.

Oggi l'uomo medio della strada, il piccolo contribuente ha un consolidato e indomito spirito di rivalsa, di avversione e di contrarietà nei confronti dell'Unione Europea. Egli tende a vedere e identificare nell'Ue un odioso, insopportabile club di establishment avverso, che ha come propria unica finalità quella di proteggere e tutelare le grandi banche sistemiche e le lobby corporative. Nessuno può negare che sino ad oggi l'impianto di governo europeo abbia avuto come principale mission quella di mettere in sicurezza le grandi banche di portata europea e anche la facilitazione degli interessi dei grandi gruppi multinazionali.

Sappiamo che adesso, dopo il passaggio sotto la vigilanza della Banca Centrale Europea di grandi banche europee, tra cui una quindicina italiane, il sistema bancario europeo si è rafforzato patrimonialmente ed è diventato molto più solido e stabile, capace in teoria di sopportare e superare un momento di tensione finanziaria avversa ed improvvisa, come quella che abbiamo vissuto nel 2008 e con cui abbiamo iniziato questo libro.

Questa è stata una volontà politica ben precisa nella Unione Europea: proteggere da eventi contrari e negativi, tutti i grandi gruppi bancari europei. Nella consapevolezza che questa volta, un ulteriore effetto shock, sarebbe in grado di produrre conseguenze devastanti e imprevedibili, senza dubbio dirompenti e destabilizzanti a livello sociale. Insomma, la fine dell'euro sarebbe il meno. Da questo punto di vista, ricordiamo come le banche sono state incentivate e diremmo anzi obbligate a ristrutturarsi internamente, producendo quei cambiamenti interni di governance, capaci di rendere ogni istituto bancario il più sano possibile.

Purtroppo il panorama bancario europeo non è omogeneo ma eccessivamente variegato e diversificato: oggi, infatti, su un versante abbiamo grandi banche di caratura nazionale che sono soggette alla vigilanza della Banca Centrale Europea, molto rigida e ligia nell'accertarsi di come un'istituzione di credito sia messa in sicurezza; e dall'altra sponda abbiamo, invece, una vastissima prateria di piccole realtà bancarie indipendenti, Italia compresa. E qui potremmo menzionare tutto il circuito del credito cooperativo, che non ha, al momento attuale, una situazione di scenario particolarmente favorevole e, soprattutto, non avendo un organismo di vigilanza e controllo severo e rigido, potrebbe andare incontro a spiacevoli conseguenze e con esso anche i risparmiatori che gli hanno dato fiducia.

Da quando è scoppiato mediaticamente il caso del Decreto Salva Banche voluto dal Governo Renzi, dopo lo scandalo di Banca Etruria, Banca Marche, Carife e Carichieti, si è diffuso il panico. Tutto riconducibile all'isteria per il bail-in, questo nuovo vocabolo entrato di prepotenza nel nostro linguaggio odierno, e le nuove regole europee, entrate in vigore all'inizio del 2016, su come governare in sicurezza (relativa) una possibile crisi bancaria. Va detto che le istituzioni europee hanno introdotto le nuove regole per far fronte ad una eventuale insolvenza bancaria, su un presupposto di partenza: il costo della crisi deve essere sostenuto principalmente all'interno della banca stessa, bail-in appunto, ossia fare pulizia dall'interno. Proprio come succede alle imprese.

Il salvataggio interno in pratica si può tradurre anche nella svalutazione di azioni e crediti e la loro conversione coatta in azioni di nuova emissione per assorbire le perdite e ricapitalizzare la banca in difficoltà (o una nuova entità che ne continui le funzioni essenziali). Dal bail-in sono escluse alcune passività. Vediamole qui di seguito: i depositi di importo fino alla fatidica soglia di 100mila euro, le passività garantite come i covered bonds e altri strumenti correlati, le passività derivanti dalla detenzione di beni della clientela (come ad esempio il contenuto delle cassette di sicurezza) o in virtù di una relazione fiduciaria (come i titoli detenuti in un conto apposito), le passività interbancarie (ad esclusione dei rapporti infragruppo) con durata originaria inferiore a

7 giorni, le passività derivanti dalla partecipazione ai sistemi di pagamento con una durata residua inferiore a 7 giorni ed infine i debiti verso dipendenti, debiti commerciali e quelli fiscali purché privilegiati dalla normativa fallimentare.

Il bail-in si applica seguendo una gerarchia la cui logica prevede che chi investe in strumenti finanziari più rischiosi sostenga prima degli altri le eventuali perdite o la conversione in azioni. Solo dopo aver esaurito tutte le risorse della categoria più rischiosa si passa alla categoria successiva.

Sui depositanti va fatta un'ulteriore puntualizzazione, oltre quella per cui i depositi fino a 100mila euro sono espressamente esclusi dal bail-in. Anche per la parte eccedente questa soglia, i depositi ricevono un trattamento preferenziale: saranno infatti colpiti solo nel caso in cui il bail-in di tutti gli strumenti con un grado di protezione minore nella gerarchia fallimentare non fosse sufficiente a coprire le perdite e a ripristinare un livello adeguato di capitale.

I depositi al dettaglio eccedenti i 100mila euro possono inoltre essere esclusi dal bail-in in via discrezionale, al fine di evitare il rischio di contagio e preservare la stabilità finanziaria a condizione che il bail-in sia stato applicato ad almeno l'8% del totale delle passività. Le autorità di vigilanza bancaria, inoltre, potranno intervenire per sollecitare l'attuazione dei piani di risanamento, sostituire gli organi amministrativi e di controllo, avviare l'amministrazione straordinaria.

Dunque, ricapitoliamo chiudendo il cerchio. Le autorità preposte al controllo e alla gestione della la crisi, Bce e Banca d'Italia, avranno una serie di misure che prevedono, come ultima spiaggia, l'avvio della procedura di risoluzione ossia un pacchetto di misure che potrà essere richiesto alla banca in crisi e tra i vari strumenti a disposizione, c'è appunto il bail-in. Possiamo ben capire, su un piano per così dire di psicologia spicciola, che il bail-in rappresenti, da un certo punto di vista, un'angoscia e inquietudine forte per il piccolo risparmiatore, per il piccolo investitore depositante.

Ma per l'establishment di governo sovranazionale, il salvataggio interno è una sorta di sospiro di sollievo, perché dovrebbe scongiurare che si verifichino fenomeni di contagio finanziario, al pari di quelli che stavano per scaturire e in effetti sono esplosi con effetti dirompenti tra il 2008 e il 2009. Il piccolo risparmiatore, il solito uomo medio della strada cui facciamo riferimento anche per Eurocracy, colui che tanto denigra il sistema bancario, soprattutto in questo momento storico di forte instabilità bancaria, quando al contrario si deve fare tutto il possibile per salvaguardare un istituto di credito, dovrebbe rendersi conto di come oggi sia diventato sempre molto più critica la finanziarizzazione dell'economia. Cioè il peso e il ruolo che hanno grandi intermediari finanziari nell'attività di consumo, in quella di prestito e nelle ingerenze con le grandi imprese sia produttive che distributive.

La banca non deve essere denigrata e attaccata in sé e per sé, diciamo preconcettamente, per il solo fatto di svolgere questa tipologia di attività. Noi utilizziamo spesso questa similitudine, per far comprendere a chi ci segue, ascolta e legge come dovrebbe concepire e approcciare correttamente un istituto di credito. Pensando, ad esempio, a Jessica Rabbit, la mitica e prosperosissima moglie di Roger Rabbit – il coniglio della Walt Disney – la quale, quando compariva in pubblico per un'esibizione, era solita dire: "Io non sono cattiva. Mi disegnano così". Lo stesso principio potremmo usarlo per la banca presa in sé. La banca, ogni banca, è un operatore economico che la maggior parte di noi odia o stigmatizza, ma paradossalmente per le stesse ragioni per le quali è nata: raccogliere denaro, proteggerlo, sotto forma di depositi e poi, farlo fruttare, allo stesso modo, concederlo a terzi, ben sapendo che questa attività di concessione di prestito non deve e non può compromettere la stabilità e la certezza dei depositi.

Per questo motivo, l'attività di banchiere – nel vero senso della parola – è quella probabilmente più difficile al mondo, visto e considerato che presuppone di acquistare rischio e di vendere certezza. In una sorta di rischiosissimo gioco di prestigio. Che deve riuscire sempre.

La banca, allora, acquista rischio sotto forma di prestiti che eroga al territorio, ad altri operatori economici o agli imprenditori per le loro attività. La banca, poi, vende certezza sotto forma di tutela del deposito nei confronti della propria clientela. Tutte le altre aziende, generalmente, fanno l'opposto. Ossia, vendono rischio e comprano certezza. Qualcosa di molto più comodo, non trovate ? Facciamo una promessa: sul sistema bancario ci torneremo, più diffusamente, nel capitolo 4.

Volgiamo al termine pertanto questo capitolo in cui abbiamo delineato una "hopeless Europe" proprio come l'ha battezzata la stampa anglosassone ossia un'Europa senza speranza. Un'Europa sempre più vicina ad un baratro, sospesa in bilico sul ciglio di un burrone. E questa immagine di grande pericolo viene ricondotta a due altri fenomeni economici che ci riguardano particolarmente e che ci hanno messo ulteriormente in difficoltà.

Il primo è stato lo scandalo, di cui nessuno ipotizzava la dimensione, legato al Diesel-gate del gruppo

Volkswagen, di cui ancora oggi non conosciamo l'effettivo ordine di grandezza, a fronte delle richieste di risarcimento danni anche per il tramite di class action, che verranno avanzate nei mesi a venire, da parte sia di associazioni di consumatori, che di fornitori stessi del gruppo Volkswagen, che si sono sentiti bidonati dal gigante teutonico.

Lo scandalo Diesel-gate, questo noi lo sappiamo già oggi e lo avremo a consuntivo tra un anno, avrà delle conseguenze che impatteranno su tutta l'economia europea, perchè produrrà la perdita di credibilità della locomotiva tedesca, minando oltretutto anche la sua capacità di recupero negli anni a venire.

Da questo punto di vista, non va dimenticato il ruolo che ha sempre avuto la Germania in tutto il mondo come grande esportatore di beni di consumo, in particolar modo tangibili. Pertanto, il comportamento che ha tenuto la Germania, a fronte dello scandalo Diesel-gate, mette in profondo imbarazzo tutto l'establishment europeo ed in particolar modo il suo Primo Ministro, Angela Merkel, sollevando disagio in tutti gli altri Paesi che fanno parte dell'Unione Europea. Di certo oggi, chi ha modo di lavorare viaggiando all'estero, si sente dire sempre più spesso che italiani e tedeschi ormai sono fratelli, perché la bidonata plateale che hanno dato i tedeschi ricalca più le gesta e la nomea che hanno generalmente gli italiani all'estero, rispetto al popolo teutonico.

Infine, per introdurre il secondo fenomeno di peso macroeconomico, voglio richiamare gli aspetti drammatici e al tempo stesso critici, che caratterizzano il Medio Oriente con la crisi siriana che, per quanto sia così distante geograficamente da noi, in realtà è più vicina di quello che noi immaginiamo, non solo per le conseguenze legate ai flussi di profughi che tentano di entrare in Unione Europea, nella speranza di individuare un Paese in cui si sentano sicuri e protetti, ma – e soprattutto – per il ruolo che riveste logisticamente la Siria nelle forniture di gas metano nei confronti di tutta l'Unione Europea negli anni a venire. Per rendervi conto di questo proviamo a fare il gioco del Risiko sullo scacchiere mondiale. Pertanto vediamo chi è amico di e nemico di. La Russia per retaggio storico e culturale è ancora un naturale nemico degli USA, la Russia tuttavia è ancora il partner energetico chiave per l'Unione Europea, quest'ultima alleata militare e culturale degli stessi USA: ricordiamo a tal fine la crisi in Ucraina e l'embargo occidentale verso la Russia. La Siria è uno storico alleato della Russia in Medio Oriente, le dotazioni dell'esercito siriano sono di derivazione sovietica, nel porto della città di Tartus è situata l'unica base navale russa che consente il presidio e la possibilità di intervenire nelle acque del Mediterraneo. Per la Russia questo porto di appoggio logistico e militare è più che strategico, direi quasi vitale, senza di esso infatti non potrebbero effettuare rifornimenti ed assistenza alle altre forze armate che dovessero essere collocate nelle coste del Mediterraneo o intervenire eventualmente in Medio Oriente. La Siria è inoltre alleata naturale dell'Iran per ovvie ragioni ideologiche, l'Iran per la sua recente apertura al mondo occidentale è in pieno contrasto con i paesi islamici di chiara matrice ortodossa, nonostante questo non può essere considerato un paese alleato agli USA. Quali sono invece i paesi ortodossi nel mondo islamico in piena divergenza con l'Iran ? In prima battuta abbiamo l'Arabia Saudita, il cinquantunesimo stato degli USA, ancora primo esportatore di greggio al mondo ed anche primo cliente della difesa statunitense. Oltre all'Arabia Saudita abbiamo anche il Qatar ed il Kuwait smaniosi di conquistare una fetta del mercato energetico europeo, soprattutto il mercato del gas. Sullo sfondo mancano ancora due importanti attori dell'area, l'Irak e la Turchia: il primo è un paese non allineato agli USA nell'area medio orientale (non penso che serva spiegarne le ragioni), mentre il secondo, soprattutto ora con la nuova governance di Erdogan, sempre più vicino a Washington ed i suoi alleati con in testa tutto il blocco continentale europeo. Ultimo l'ISIS, presente ormai per due terzi in Siria e per un terzo sul territorio iracheno.

Sullo sfondo di fianco a questi attori troviamo il secondo e più ricco mercato dell'energia al mondo, quello europeo, che come molti sanno ha sempre avuto come principali partner energetici la Russia e la Libia (quest'ultima ora sotto assedio ISIS), entrambi in eterno conflitto con gli USA. Chi porterà il gas in Europa ed in che modo lo farà nei prossimi anni rappresenta al momento la principale sfida mondiale in campo energetico che coinvolge gli interessi di almeno una dozzina di paesi sostanzialmente schierati in due fazioni, chi sta con sotto l'egida di Washington e chi sta con Mosca. I principali esportatori di gas al mondo (escludendo gli USA) sono in ordine di riserve detenute Russia, Iran, Qatar e Arabia Saudita. Nello specifico il più grande giacimento di gas al mondo denominato South Pars North Dome con un potenziale estrattivo di oltre 50 trilioni di metri cubi è ubicato proprio nel Golfo Persico tra la costa qatarina e quella iraniana con una estensione di circa 10.000 km quadrati, il 60% dei quali competono a diritti di sfruttamento del Qatar ed il restante 40% all'Iran.

Quali saranno le arterie che porteranno energia all'Europa, chi le costruirà e soprattutto chi le controllerà rappresenta una mossa di strategia geopolitica vitale per il controllo degli equilibri planetari nel futuro. Pensate solo ad un Europa che viene allattata da un partner amico della Russia (sempre più in sintonia con la Cina) piuttosto che da un paese alleato con gli Stati Uniti. Progetti di nuove pipelines (leggasi gasdotti) sono in gestazione da anni ed alcune sono anche andate vicine anche alla loro fatidica implementazione.

Il più famoso è stato il gasdotto South Stream, che doveva unire la Russia all'Unione Europea, attraversando le acque territoriali turche, passando per la Bulgaria e la Serbia. Politicamente i leader che ne avevano reso possibile l'ideazione nel 2009 furono Putin, Erdogan e Berlusconi, mentre il consorzio di general contractor che si era impegnato alla sua realizzazione era formato da ENI, Gazprom e EDF. Tuttavia l'embargo commerciale dell'UE (richiesto casualmente da Washington) che venne istituito contro la Russia per la gestione della crisi ucraina portò come conseguenza l'abbandono del progetto da parte della Russia oltre un anno fa (Dicembre 2014). Sempre in parallelo, nello stesso periodo viene formulato il progetto di un secondo gasdotto, il Nabucco, volto a rafforzare la capacità di approvigionamento energetico dell'EU mediante un nuovo corridoio che partiva da Baku (Azerbaijan), passava per Georgia, Turchia, Bulgaria, Romania, Ungheria sino ad arrivare in Austria.

Il Nabucco avrebbe dovuto rifornirsi non dalla Russia rispetto a South Stream, ma da più partners fra loro indipendenti come Kazakistan, Turkmenistan, Irak e Iran. Nel 2013 il progetto del Nabucco viene abbandonato per fare spazio al TAP (ossia il Trans Adriatic Pipeline), questo in considerazione degli elevati costi di realizzazione del Nabucco (quasi 8 miliardi) e dei rischi sistemici legati al transito del gasdotto in paesi non ancora garantisti e politicamente instabili. Il TAP porterà in Italia (con aggancio in Puglia nel territorio leccese) il gas proveniente da approvigionamenti nel Mar Caspio passando per Grecia ed Albania, questo vi fa capire l'importanza che riveste la Grecia per Washington.

La realizzazione del TAP è stata formalmente autorizzata dal Ministero dello Sviluppo Economico nel maggio del 2015 come infrastruttura di pubblica utilità ed urgenza. Il TAP è destinato ad agganciarsi in Turchia ad un altro gasdotto, il TANAP ossia il Trans Anatolian Pipeline, andando a costituire l'ossatura portante del Corridoio Sud del Gas, infrastruttura strategica per consentire l'accesso al mercato europeo a fonti energetiche diverse da quelle russe. A questo punto possiamo presentare il progetto di gasdotto avanzato da Qatar ed Arabia Saudita, denominato con molta fantasia in Turkey-Qatar Pipeline, il quale prevede un'arteria di collegamento tra i giacimenti estrattivi del Qatar, passando per l'Arabia Saudita, transitando per Giordania e Siria, con approdo in Turchia per collegarsi al Corridoio Sud del Gas di cui abbiamo fatto menzione sopra.

Sostanzialmente in questo modo vengono estromessi Iraq, Iran, Russia e Siria, quest'ultima che vedrebbe ridimensionato non poco il proprio potenziale logistico. Nel 2011 il governo di Assad rifiuta il progetto di gasdotto proposto da Qatar e Arabia (immensamente sponsorizzato da Washington, ricordate sempre il ruolo dell'Arabia Saudita nell'economia statunitense) ed invece avanza e propone l'ipotesi di un secondo nuovo gasdotto denominato anche questo con grande fantasia Iran-Iraq-Syria Pipeline successivamente ribattezzato in Islamic Pipeline (caldamente sponsorizzato dalla

Russia) in cui la Siria riveste un ruolo strategico nell'infrastruttura in quanto il gas arriverà nelle coste siriane e da lì mediante rigassificatori rifornirà le navi metaniere che andranno nei porti europei, mentre nel primo progetto il gas arriverebbe direttamente in Turchia, un paese schierato ed oggi alleato agli USA. All'Irak il progetto di Assad pare un sogno sia per i diritti di transito di cui beneficerebbe sia per lo schiaffo morale che potrebbe dare in questo modo agli USA stessi.

A questo punto possiamo capire l'entrate in scena dell'ISIS (fatalità nello stesso periodo) e di chi lo finanzia ed appoggia ossia Turchia, Qatar, e Arabia Saudita, paesi che vogliono destabilizzare il governo di Assad per sostituirlo con uno compiacente in grado di avallare il loro progetto di gasdotto. Si tratta pertanto di una faida in seno a tutto il Medio Oriente il cui scopo non è più di tanto il denaro in sè, ma la sudditanza energetica dell'Europa in piena Eurocracy e chi potrà controllare e governare questo rapporto di sudditanza. Gli USA temono infatti nei prossimi due decenni di perdere la loro egemonia valutaria (e per tanto il dominio su tutto) qualora dovessero perdere influenza ed ingerenza nelle scelte di politica energetica di paesi oggi partner ma domani forse. Alla fine gli USA non fanno altro che proteggere e rafforzare sempre i propri interessi in ottica di lungo termine a scapito di altri paesi, tuttavia proprio come ha sempre fatto lo stesso Assad per il proprio paese. Uno scenario pertanto in piena evoluzione con l'Europa in qualità di spettatore inconscio.

3

C'erano una volta i BRIC

Vi facciamo una domanda, per partire. Quante volte avete sentito dire dal vostro consulente finanziario o promotore che nel vostro portafoglio doveva essere presente una componente in misura significativa investita nei Paesi emergenti ? Siate sinceri con noi, ma soprattutto con voi stessi.

E quante volte, negli ultimi dieci anni, abbiamo sentito parlare dell'acronimo "BRICS" dove quest'ultimo era rappresentato dalle iniziali di alcune economie emergenti: Brasile, Russia, India, Cina e Sud Africa, che avrebbero, nel decennio successivo, dato dimostrazione di propulsione economica e crescita vigorosa. L'acronimo risale, per l'esattezza, al 2001 ed è imputabile a Jim O'Neill, Chief Economist allora di Goldman Sachs, che fece una previsione, rivolgendosi alle comunità finanziarie internazionali, citando appunto i seguenti quattro Paesi: Brasile, Russia, India, Cina come nazioni caratterizzate dalle tre D: demografia, debito e deficit, ossia tre variabili macro-economiche che avrebbero garantito, nei successivi anni, performance mirabolanti ai quattro Paesi prima menzionati. Tempo dopo si aggiunse anche il Sud Africa portando la S all'acronimo BRICS. Questi Paesi, una quindicina di anni fa, davvero avevano una connotazione specifica che altre nazioni appartenenti al mondo non sviluppato non possedevano. Innanzitutto proprio la loro valenza demografica, ovvero una composizione della popolazione nella quale almeno il 60 % aveva un'età inferiore ai 30 anni. Tanto per dare un parametro di paragone, considerate che l'Italia, nel 2035, avrà oltre il 40 % della propria popolazione con un'età superiore ai 60 anni, quindi quasi la metà della popolazione italiana tra due decenni potrà essere considerata anziana.

Il secondo elemento di portata macro-economica è il debito di questi Paesi. Il debito consolidato tanto del settore pubblico quanto del settore privato, che per alcuni Paesi arriva a non essere superiore al 25 %, riferendosi ai dati di lettura di inizio millennio.

Infine, il terzo parametro macroeconomico, il deficit o – addirittura, per alcuni di essi – il surplus di bilancio. Siamo in presenza di Paesi che, pur non agendo sulle leve monetarie, potevano contare su un deficit di bilancio, cioè su entrate - meno le uscite - ridotte a zero o comunque su valori molto contenuti.

Proprio qui sempre Jim O'Neill fece, all'epoca, una considerazione di merito relativamente a questi Paesi richiamando uno dei tre parametri di cui prima abbiamo fatto menzione, il debito pubblico, ritenendo quest'ultimo, per i quattro Paesi da lui citati, come una variabile assolutamente sostenibile nel medio e lungo termine, proprio grazie alla composizione demografica che avevano queste nazioni. Oggi noi in Europa, ad esempio, ci troviamo nelle condizioni completamente opposte, ossia, la crescita dell'Unione Europea è foraggiata grazie al ricorso al debito tanto pubblico quanto privato. Purtroppo, senza i contributi provenienti da una farlocca immigrazione extra-comunitaria non saremo in grado di rendere sostenibili finanziariamente i nostri assetti di welfare e l'architettura dei debiti pubblici pregressi.

Raramente un periodo storico tanto breve, per dirla alla Eric Hobsbawm (scrittore britannico), come quello che stiamo percorrendo, è stato segnato così profondamente da una simile raffica di mutamenti critici come quello che stiamo vivendo. E subendo.

Gettiamo lo sguardo sullo scacchiere internazionale: economie mature e paesi in crescita coesistono percorrendo, su rotte spesso in rotta di collisione, la superficie di un quadro indecifrabile. E con molti aspetti assai rischiosi.

Proprio Papa Francesco ha iniziato a parlare senza mezzi termini di Terza Guerra Mondiale, espressione che fa tremare le vene e i polsi. Ma che purtroppo non è distante dalla realtà. Dall'angolo visuale tanto strettamente economico, che lato sensu politico, vi sono rischi globali incombenti. Potenzialmente dirompenti, squassanti. Nessuno, a nessuna latitudine, può sentirsi al sicuro. Non vi è area e regione del pianeta a essere immune da sbilanciamenti, tensioni sociali, minacciosi squilibri e forti crisi. Vediamo, ancora. Le guerre, con l'ISIS grande attore protagonista, tensioni interne in Ucraina e ad Hong Kong, ritornanti epidemie apocalittiche (non dimentichiamo lo spauracchio di Ebola), crisi economiche e sociali in Sud-America e in Neurolandia.

Tutto questo bailamme mette a dura prova la tenuta del precario nuovo ordine mondiale. Aggiungiamoci che le organizzazioni ed istituzioni sovra e internazionali (e pensiamo qui a G20, ONU, OMS, NATO) somigliano a comparse della scena, avendo studiato poco e male il copione del dramma. Prendiamo il G20: sarebbe la sede deputata al confronto tra superpotenze, dove nel concerto di leaders poter governare le tensioni economiche e politiche. Com'è noto, il G20 coinvolge economie già formate e mature, fianco a fianco di potenze in via di emersione, che combattono la propria battaglia quotidiana volta alla crescita. Nel G20 coabitano pertanto realtà regionali molto differenti tra loro, con ordinamenti e meccanismi decisionali eterogenei.

E' un dato di fatto piuttosto banale e una constatazione lapalissiana che, negli ultimi decenni, i Paesi emergenti si siano sviluppati ben nove volte più velocemente dei paesi cosiddetti maturi.

Se dunque nei primi anni del ventunesimo secolo, sulla soglia del terzo millennio, la terza potenza mondiale era incarnata dal Giappone, ecco che adesso il terzo posto per PPP spetta all'India (purchasing power parity). Noi in questo capitolo di Eurocracy puntiamo il focus proprio sui primi BRIC.

In una recente previsione sulla crescita economica stilata dal Fondo Monetario Internazionale, pur crescendo maggiormente (in una media del 3.4 %) rispetto ai paesi maturi (che si fermano su una media dell'1.8 %), i BRIC hanno delle stime di crescita differenti.

Cina ed India infatti si sono sviluppate economicamente, mentre Brasile e Russia stanno schiacciando sul pedale del freno. I fondamentali di Mosca e Brasilia non vanno bene. I quattro paesi classici dei BRIC mostrano quindi caratteristiche e prospettive piuttosto discordanti e divergenti.

Russia e Brasile vivono fasi delicate, in seguito alle crisi politiche e economiche (il caso del Brasile) e belliche e internazionali (la Russia con il focolaio dell'Ucraina). India e Cina hanno trainato la crescita globale fino a questo punto. Ma appaiono anch'esse in affanno e debito di ossigeno.

Brasile e Russia, allora, sono il fianco molle dei BRIC, come riconosce l'Economist. Che in 18 ottobre 2015 sottolineava senza circonlocuzioni come "il Brasile ha di gran lunga la peggiore performance tra le grandi economie emergenti dei BRIC".

La percezione dei BRIC da parte degli osservatori internazionali è fortemente cambiata. E con essi, anche gli investitori internazionali hanno cambiato lenti focali, osservando come stiano andando le cose in Brasile.

Ricorderete forse come quattro anni fa il periodico Economist osannasse il Paese dell'America Latina con una copertina con la statua di Cristo Redentor, ubicata a Pan de Sucre a Rio de Janiero, tramutata in una sorta di Iron Man, che spiccava il volo librandosi nel cielo. Era la dimostrazione pittoresca che il Brasile fosse ormai un Paese non più in via di sviluppo, ma decollato a tutti gli effetti.

Questo era stato possibile in virtù del piano di riforme strutturali, agli aiuti alla classe media borghese ed agli investimenti nell'edilizia popolare promossi dal precedente Governo di Luiz Lula da Silva. Insomma, il Paese povero ma con grandi risorse e una impressionante energia umana creativa, capace di scattare in una lunga corsa di sviluppo duraturo, aveva lasciato spazio a qualcos'altro. Di molto diverso.

Negli ultimi dieci anni il Brasile in effetti è cresciuto a ritmi notevoli, impetuosi: tra il 2004 e il 2007, molti investimenti diretti esteri hanno fatto da vettore allo sviluppo carioca.

E tuttavia, il quadro forse era superficiale: le cose svoltano, in negativo, dal Mondiale di calcio giocato in casa. Il fattore psicologico gioca un ruolo strategico fondamentale, tra i fattori e le variabili tutt'affatto economiciste. L'umiliante sconfitta pallonara con la Germania, ha prodotto un impatto devastante proprio sul piano morale. Incredibilmente, da quell'evento - infausto ma che teoricamente sarebbe dovuto rimanere confinato al rettangolo di gioco, insomma al confronto tra i leggiadri verdeoro e i panzer tedeschi - è scoppiata in tutta la sua vistosità la crisi brasiliana. Pare incredibile, ma è così.

I numeri sono venuti dopo, come a certificare plasticamente la nuova situazione che si era creata: in agosto 2014 l'Istituto Nazionale di Statistica Brasiliano ha sciorinato dati deludenti sull'economia interna: il PIL brasiliano era sceso per due trimestri consecutivi. Drasticamente, non poteva essere un caso: nel secondo trimestre 2014, l'economia brasiliana ha segnato un calo dello 0.6 %. Il Brasile era entrato in recessione tecnica. Certo, non può essere ininfluente neppure il discorso sui costi insostenibili, in termini economici e di vite umane, per realizzare le faraoniche infrastrutture per il Mundial brasiliano. Per tacere sui conti della serva, i fondi cioè per foraggiare e per tacitare la corrottissima famelicità insaziabile della banda di corrotti incistata nella Fifa, la federazione calcistica planetaria, per dare il proprio indispensabile via libera all'evento.

Dopodiché sul Brasile, incidono in negativo squilibri monetari, un welfare state lento, farraginoso e inefficiente. E come al solito, grava l'ipoteca di una politica confusionaria e incerta.

La vittoria per il secondo mandato al ballottaggio del 26 ottobre 2014 del Presidente uscente Dilma Rousseff, del Partito dei Lavoratori, contro il candidato Aecio Neves non ha risolto, ma aggravato i problemi. Fino all'apertura, a dicembre, da parte del presidente della

Camera brasiliana Eduardo Cunha, di un procedimento di impeachment contro la Rousseff, chiesto dalla Corte dei Conti per irregolarità nei conti pubblici volte – nell'ipotesi accusatoria dei giudici contabili brasiliani – alla creazione di fondi neri per foraggiare la dirigenza del suo partito. Rousseff ha reagito dicendosi indignata e innocente e definendo le accuse inconsistenti. Ma la sua immagine, peraltro già associata alla luttuosa debacle carioca ai mondiali, è macchiata irrimediabilmente. Durante l'agosto 2015 è arrivata anche la bocciatura di Standard & Poor's sul fronte del debito: l'agenzia di rating ha declassato al livello "spazzatura" (BB+) i titoli di Stato del Paese della Rousseff.

Significa che il debito di Brasilia è sconsigliato ai risparmiatori e agli investitori istituzionali. Mentre è considerato adatto a finire nei portafogli degli speculatori senza scrupoli, sufficientemente spregiudicati da cercare gli alti rendimenti in elevati rischi.

E anche la prospettiva di lungo termine (detta outlook) è negativa: se la condizione delle finanze pubbliche di Brasilia dovesse deteriorarsi ulteriormente, insomma, si profila un altro taglio.

A complicare ed intorbidire il quadro carioca, già fosco, ci sono gli scandali politici. A partire da quello che vede protagonista il gruppo petrolifero Petrobras, che stando alle accuse ha distribuito miliardi di dollari di mazzette proprio al Partito dei Lavoratori: dell'impeachment della Roussef vi abbiamo detto in precedenza, ora stiamo a vedere nel corso del 2016 come si evolverà l'intera inchiesta denominate Lava Jato (autolavaggio) che vede coinvolti due importanti ministri del governo: Aloizio Mercadante, titolare del dicastero della Casa civile, e Edinho Silva, responsabile della Comunicazione, citati da un collaboratore di giustizia tra i beneficiari di mazzette provenienti da Petrobras. Non basta. L'indagine vede indagata non solo la Saipem (del gruppo Eni) ma anche la Techint, presieduta dal numero uno di Assolombarda Gianfelice Rocca.

E il Brasile – dal 5 al 21 agosto 2016, si accinge ad ospitare, a Rio de Janeiro, i giochi della XXXI Olimpiade. Ma dopo i mondiali di calcio, la nazione carioca ci è ricascata come se non ci fosse un domani: i lavori per i nuovi impianti sportivi sono in serio ritardo e l'evento, che fu presentato come un volano di crescita, è sotto accusa, ancora e nuovamente per un grosso sforamento del budget rispetto ai 14 miliardi di dollari che sono stati preventivati. Deja vu.

Diamo uno sguardo ora alla Russia che rappresenta un osservato speciale nello scacchiere internazionale. Lo è sulla base della nuovo confronto-scontro con gli Usa, nella versione 2.0 di un bipolarismo che pareva relegato nei musei. La Russia dello Zar Vladimir Putin è attardata dalle sanzioni che l'Occidente le ha comminato, su spinta di Obama.

I complessi rapporti di vicinato con i paesi FSU (Former Soviet Union) e l'Europa fanno il resto. Morale ? La Russia si gioca una partita internazionale complessissima sullo scacchiere mondiale: stretta tra l'inclinazione atavica al nazionalismo - politico – e all'autarchia economica. E la necessità di muovere ingenti capitali verso altri paesi.

L'oligarchia russa investe nei Paesi dell'Unione Europea: le sanzioni sono un danno ingente, che penalizza anche chi le impone, magari obtorto collo e controvoglia: vedi il caso del collasso del comparto ortofrutticolo del Nordest, messo in ginocchio dall'embargo verso la Russia, che ne era il cliente e committente principale. Questo "scherzo" obamiano sta costando all'Italia (e al Veneto) centinaia di posti di lavoro. Perché è scontato che le sanzioni creano danni economici a chi esporta beni e servizi. E la Russia importa grandi quantità di beni dall'estero.

In aggiunta, la Russia paga una dipendenza storica dalle risorse naturali oltre a una vecchia, sedimentata propria incapacità di diversificare.

L'attuale andamento al ribasso, per usare un eufemismo, del prezzo del petrolio incide sull'intera economia. Il greggio è passato in poco tempo da 100 a meno di 30 dollari al barile. Inoltre, la Russia si palesa con una troppo bassa propensione all'innovazione tecnologica: e infatti, sono troppo scarsi gli investimenti tecnologici russi, volti a creare le condizioni per lo sviluppo di industrie globalmente strategiche. FMI e Banca Mondiale parlano per la Russia di una crescita lenta e di elevati pericoli di recessione strutturale. Mosca non ce la fa ad aprirsi ad un modello di capitalismo di mercato: oligarchie ed élite spadroneggiano. E il peso delle società di Stato non si attenua affatto.

Pertanto, ci dovremmo domandare se la Russia, che rimane una grande potenza militare in possesso dell'arma atomica, resta anche una potenza economica internazionale o è già da considerare un paese in decadenza economica e in flessione demografica ?

La risposta non è scontata, essendo una Nazione in mano ad un uomo-solo-al-comando, con una visione di insieme che vorrebbe trasformarla in una nuova grande confederazione di Stati, unendo ad essa anche l'Ucraina. Qualora venisse a mancare il suo attuale leader, potrebbe diventare un Paese a rischio balcanizzazione, finendo in una frantumazione di poteri interna, tale da produrre una destabilizzazione dagli effetti inafferrabili su scala planetaria. Inoltre il destino della Russia si lega a doppio filo al prezzo delle materie prime energetiche. Allo stato attuale, non vi sono le condizioni di mercato da fare presagire un rialzo significativo delle quotazioni del greggio e del gas, di cui è ricchissima. Pertanto, il quadro economico russo sarà ancora pesantemente negativo, sempre che non peggiori il quadro in Medio Oriente coinvolgendo, a livello militare, la Russia attraverso un intervento diretto a supporto e controllo del territorio.

Di tenore decisamente diverso è invece lo scenario indiano. La più grande democrazia del mondo sembrava esser piombata nel 2012 in una fase di possibile stagnazione economica, dovuta in gran parte dalla volatilità dei mercati internazionali e dalla pesantezza del sistema burocratico locale.

Siamo a conoscenza di stime più recenti, che invece dimostrano al contrario come l'India potrebbe davvero ambire a diventare la terza potenza mondiale (dopo Cina e Stati Uniti), riconsegnando al continente asiatico un primato globale a lungo dimenticato. L'India è un Paese energivoro, grande consumatore di materie prime e, pertanto, la contrazione che ha colpito il mercato delle commodity produce effetti più che positivi su tutta l'economia indiana.

Non vanno sottaciute, le grandi riforme strutturali messe in campo da Modi, l'attuale Primo Ministro, che è intervenuto per migliorare internamente il mercato del lavoro, la fiscalità per le piccole e medie imprese e, soprattutto, per tentare di diminuire di intensità il male principale dell'India, ossia la corruzione.

Al momento attuale l'India ha aspettative di crescita nel medio e lungo termine addirittura superiori a quelle cinesi, tanto che per il 2030, tra quindici anni, si ipotizza addirittura una fase di take over ossia di sorpasso da parte dell'India nei confronti della Cina. Infine, l'India ha una composizione demografica molto più attraente rispetto a quella degli altri Paesi, con una legislazione fortemente protettiva degli investimenti non tangibili e questo, abbiamo visto, ha attirato tantissime corporation dell'industria della produzione di software che vedono l'India come la base naturale di insediamento e di sviluppo del loro core business per i prossimi anni.

Non dimentichiamo il grande appeal che può spendere questo Paese, grazie alla cultura ed agli influssi ricevuti durante la dominazione inglese, primo fra tutti la lingua stessa. L'India inoltre ha attivato un forte processo di informatizzazione e innovazione, specie nel settore strategico delle telecomunicazioni e delle reti, che consentono di fare sistema.

Tuttavia l'India mantiene ancora alcune riserve per la presenza di alcune palle al piede: l'inflazione e l'arretratezza sociale dovuta al meccanismo delle caste (che produce povertà endemica).

Come ricordano gli economisti Amartya Sen e Jean Drezè, il contrasto alle enormi disuguaglianze sociali rimane una enorme bomba inesplosa, dal potenziale mostruoso, mina la credibilità del Paese nel lungo termine.

Passiamo ora alla Cina, è il caso forse di partire da una domanda di base: è ancora necessario citare la Cina nel gruppo dei Paesi emergenti ? Utilizzando i principali indicatori economici disponibili potremmo rispondere facilmente "no".

La Cina è una locomotiva tanto regionale, che globale. Perfettamente capace di dettare una sua chiara posizione internazionale. Nel dibattito internazionale, infatti, sovente parliamo di G2. L'attuale Presidente Xi Jinping ha già dato prova di autoritaria capacità di governo ricorrendo in più occasioni a strumenti monetari non convenzionali durante agosto e settembre 2015, tamponando provvisoriamente la situazione di disagio e turbolenza finanziaria che si era venuta a creare.

La Cina ha intrapreso un ambizioso programma di trasformazione e di evoluzione economica. Non vuole più essere la grande fabbrica del mondo, come abbiamo già anticipato nel primo capitolo, e vivere esclusivamente sfruttando l'appeal che il Governo di Pechino può esercitare verso le grandi imprese manifatturiere, invitandole o incentivandole ad investire nelle province cinesi ad alto tasso di industrializzazione.

La Cina oggi mostra di preferire di gran lunga una graduale trasformazione della propria economia, puntando sui consumi privati. Per fare questo negli anni precedenti si è dato sfogo ai rubinetti del credito, per agevolare e facilitare il ricorso al debito dai soggetti privati, per acquistare un'abitazione, avviare un'attività e così via discorrendo.

E per la prima volta dopo i dictate di Deng Xiao Ping, sul controllo demografico, si è sciolto il vincolo obbligatorio del figlio unico. Sostanzialmente, la Cina si è accorta che stava invecchiando più velocemente dell'Unione Europea.

Questo accadeva proprio a seguito dei vincoli demografici che vennero stilati proprio durante il Governo di Deng Xiao Ping, il quale, con lungimiranza, mise un freno all'esplosione demografica che il suo predecessore Mao Tse Tung aveva, invece, deliberatamente avviato spingendo la Cina a fare figli e trasformandola, in poco tempo, nella nazione più popolata del mondo.

Il vincolo sul primo figlio è stato cancellato solo ed

esclusivamente per i nuclei familiari composti da genitori privi di fratelli o sorelle che abitino o vivano in zone urbane ad alta densità di popolazione. Precedentemente il vincolo demografico colpiva tutti i nuclei familiari, a prescindere dalla composizione genitoriale.

Adesso in Cina la logica del secondo figlio trova fondamento sull'esigenza di creare maggior propensione al consumo da parte dei cinesi, che sono il terzo popolo al mondo con il maggior gradiente di risparmio, dopo giapponesi e italiani.

Un secondo figlio, per definizione, aumenta il volano dei consumi nei nuclei familiari. Pensiamo ad alimentazione, vestiario, educazione, attività sportiva, entertainment e così via.

In più, vi è anche un altro passaggio molto significativo, che ha intrapreso il Presidente cinese: in genere, i cinesi hanno sempre creato la loro pensione mediante i figli, visto che non esistono meccanismi di welfare sociale in Cina. Per questo, gli stessi cinesi avevano una propensione al risparmio elevata. proprio per creare la dote al figlio per fargli avviare l'attività o per consentirgli di frequentare studi che potessero smarcarlo a livello sociale. In tal modo la sua retribuzione o i suoi livelli di reddito attesi sarebbero stati tali da consentire, anche al singolo figlio, di poter mantenere finanziariamente i genitori. Dando la possibilità ai cinesi di fare due figli, ecco che le famiglie si mettono nella condizione di risparmiare di meno: a quel punto, possono contare su quattro braccia anziché due, su cui fare affidamento quando si ritireranno dal mondo del lavoro.

Si tratta com'è evidente di una scommessa o addirittura anche di una presunzione, ma al momento attuale in Cina non si potevano ipotizzare altre soluzioni facilmente implementabili senza che andassero ad impattare troppo sulla fiscalità o sulla competitività del Paese.

Per questo motivo la Cina si trova in una situazione di rallentamento economico, dovuta al cambio di modello economico. Con il passaggio da un'economia interamente incentrata alle esportazioni, ad un'altra che lentamente dovrà essere in grado di autoalimentarsi tramite i propri consumi interni.

L'idea è quella di arrivare a clonare il modello statunitense in cui circa l'80 % del PIL lo producono e generano proprio i consumi delle famiglie americane.

Questo renderebbe l'economia cinese molto più forte ed autonoma, smarcandosi dal legame con le esportazioni e con i partner commerciali come oggi sono Europa, Stati Uniti ed altre nuove aree emergenti, per esempio quasi tutte la nazioni del Sud Est asiatico.

Ma in questo nostro tempo, la Cina ha dimostrato anche una propria visione strategica originale ed autonoma: investimenti interni ed esteri canalizzati nei comparti chiave delle varie economie. Intendiamo l'energia, le infrastrutture strategiche e l'innovazione tecnologica; unitamente alla stringente realpolitik internazionale. Le rivolte interne (vedi il caso sempre aperto di Hong Kong, oppure il Tibet con tanto di Sua Santità il Dalai Lama) non posseggono la potenzialità di destabilizzare il sistema cinese.

Nel frattempo, è cresciuta esponenzialmente una business community cinese. Assurta a protagonista in ogni mercato che si rispetti. Potremmo citare qui solo a mò di esempio il successo di Alibaba a Wall Street.

Ma la Cina non è vicina a se stessa su altri versanti, cioè in difetti e vizi non risolti: una corruzione ancora troppo diffusa ed elevata; enormi diseguaglianze tra classi sociali; assenza di un minimum-welfare state e gli alti tassi di incidenza negativa sull'ambiente, letteralmente deturpato da una assoluta e indifferente noncuranza sui costi e contraccolpi dell'indecente inquinamento atmosferico. Conseguenza di uno sviluppo industriale selvaggio, della serie, costi quel che costi. Insomme la corsa cinese non si è fermata, solo rallentata: la vera sfida nei prossimi anni sarà pertanto comprendere se l'aspettativa del sorpasso sugli USA sia ancora credibile oppure debba essere rimandata molto più avanti nel tempo.

Rivedendo pertanto la mappatura globale dei BRIC comprendiamo come questi quattro paesi non possano essere più mescolati assieme nello stesso calderone e come piuttosto ognuno di loro ormai esprima una personalità economica distinta ed ormai indipendente dagli altri tre fratellastri.

Degno di ulteriore richiamo rimane comunque ancora lo stesso Jim O'Neill, il quale oggi a distanza di quindici anni dalla azzeccata proiezione, in qualità di chairman in Goldman Sachs Asset Management, prova a ripetere lo stesso successo suggerendo al posto dei BRIC i nuovi MINT ossia un altro acronimo elaborato prendendo le iniziali di quattro Paesi strategici: Messico, Indonesia, Nigeria e Turchia. Sono nazioni che condividono un outlook, una previsione economica simile. Vediamo di che si tratta: popolazione connotata da significative pressioni di sviluppo demografico, crescita economica incentrata sulla specializzazione nei settori ad elevato valore aggiunto, un basso o calmierato costo della manodopera, una specifica presenza di grandi riserve in risorse naturali strategiche.

Ebbene, questi quattro paesi oggi rappresentano il 20 % del PIL mondiale ed il 40 % della popolazione mondiale. Sono numeri imponenti. La Nigeria oggi ha una popolazione di oltre 180 milioni di persone ed è previsto che avrà un incremento del 30 %, con una stima a 230 milioni, entro il 2025.

La presenza di queste specificità si è fatta motore ed attrattore di investimenti esteri. Che hanno apportato alle singole economie sia competitività, che know-how produttivo. E allora: al pari dei BRIC, anche i MINT dovrebbero crescere molto rapidamente, trasformando velocemente le proprie economie ed aumentando i livelli di PIL pro-capite.

Le uniche criticità ed incognite, che impongono un tanto di prudenza e cautela nei confronti di queste nazioni, sono riconducibili al rallentamento economico della Cina (che notoriamente funge da traino delle nuove economie emergenti), dalla discesa delle quotazioni delle materie prime (i MINT sono anche esportatori di commodity) ed infine dalla scarsa produttività di una forza lavoro numerosa ma dequalificata.

Per Jim O'Neil, quindi i BRIC non possono più essere considerati Paesi emergenti. In primo luogo, per lo sviluppo economico. E in secondo luogo, per problematiche endogene che ognuno di questi Paesi si trova ad affrontare. Su queste premesse, durante il primo trimestre del 2015, i quattro grandi players assieme al Sudafrica si sono ritrovati per dar vita alla "Banca dello sviluppo dei Paesi emergenti". Si tratta sostanzialmente di un grande fondo sovranazionale con capitale di rischio per investimenti tangibili e fissi nei Paesi emergenti, al fine di supportare la crescita di questi Paesi e, in particolar modo, momenti di possibile difficoltà o turbolenza che dovessero incontrare.

La finalità della "Banca per lo sviluppo dei Paesi emergenti" è quella, in prima battuta, di affrancarsi dall'ingerenza e diktat di Washington, che può determinare modalità d'intervento e tipologie di aiuti, con il ricorso al Fondo Monetario Internazionale. La Banca nasce con una dotazione di cento miliardi di dollari: cinquanta versati sotto forma di prima cassa con la metà conferita direttamente dal Governo di Pechino, che rappresenta il principale azionista di questo fondo sovranazionale.

Il quadro che possiamo delineare è quello di un'economia planetaria sempre più suddivisa non in due blocchi, Occidente contro Oriente, ma in diverse aree geografiche con valenza compartimentale, ognuna delle quali è in competizione con l'altra, con lo scopo e la finalità di rendere il proprio Paese e la propria popolazione sempre più forte e sempre più in grado di gestire potenziali crisi sistemiche che dovessero colpire le altre aree macro-economiche del pianeta.

In questo senso, ora che lo stiamo concludendo, vi invitiamo a tradurre il titolo di questo capitolo, ovvero "c'erano una volta i BRIC". Perché il termine "Paese emergente" oggidì è decisamente un termine ambiguo, un vocabolo fuorviante ed anacronistico.

Vi sono infatti Paesi emergenti che si trovano in pole position, come il Messico, l'Indonesia, la Nigeria e la Turchia ed altri che in passato hanno recitato un ruolo rilevante e da protagonisti che perdono propulsione economica o che rischiano di cadere in una spirale di decrescita, producendo effetti distorsivi e di contagio verso Paesi non necessariamente confinanti o contigui.

E questo è il rischio che stiamo tutti correndo, come investitori, risparmiatori e contribuenti: la presenza di difficoltà economiche in Paesi la cui economia è pari alla metà di quella dell'Unione Europea, apre preoccupanti scenari a cui le rispettive autorità sovranazionali e monetarie non è detto che negli anni a venire siano in grado di poter provvedere. Proprio per la esoticità e la violenza improvvisa con cui questi nuovi fenomeni di turbolenza, a livello macro-economico, potrebbero manifestarsi. Noi sappiamo per certo che si manifesteranno. Non sappiamo, purtroppo, la dimensione e la tempistica con cui questi fenomeni ci presenteranno il conto.

4

Banca mia fatti condanna

Ma sull'orlo del burrone della mostruosa Eurocracy ci sono le banche. E noi con esse. In queste settimane iniziali del 2016, un anno che si preannuncia nerissimo per l'economia, il panico sul settore finanziario italiano è dominante.

Non si possono nascondere i numeri impietosi, decisamente agghiaccianti: dobbiamo aver ben presente che le banche italiane hanno 350 miliardi di euro di crediti deteriorati. Cioè di qualità pessima. Di questi, 200 miliardi sono sofferenze. Le sofferenze sono crediti che le banche hanno in pancia e che non riusciranno mai a incassare. Avete capito ? Abbiamo detto mai. Semplicemente perché non vi è più alcun debitore che possa rimborsarli. Crediti persi per sempre. Altri crediti sono incagliati, temporaneamente non rimborsabili. Del doman, non v'è certezza, diceva qualcuno.

Questo disastro non è dell'ultima ora. Non è una breaking news, lo sappiamo da almeno tre anni così come la classe politica che nel frattempo non ha fatto un tubo. Voltandosi dall'altra parte. Alla faccia nostra.

Ora che la BCE vigila sul sistema, ecco che il vaso di

Pandora si è spalancato. Il Single Supervisory Mechanism, che è lo strumento di vigilanza della BCE, ha spedito alle banche europee un documento da compilare con l'analisi dei crediti deteriorati e delle coperture previste per mettere una toppa alle ingenti perdite previste.

La BCE ha messo sotto attento controllo per un biennio Banco Popolare e Bpm, candidati alle prime nozze tra le popolari, Bper, Mps, Carige e Unicredit. Insomma, per dirla alla buona, l'autorità di vigilanza bancaria europea non ha più fiducia nel sistema creditizio italiano. E infatti ecco che il panic selling di inizio 2016, ovvero le vendite di massa determinate e spinte dalla paura, lo dimostra in modo evidentissimo.

A Piazza Affari, sul mercato borsistico italiano, dalle prime battute dell'anno gli investitori istituzionali ed i risparmiatori compresi scappano a gambe levate: i titoli vivono un periodo di lacrime e sangue. E noi, con quei due soldi messi da parte, non sappiamo dove sbattere la testa.

Da almeno sei mesi si susseguono fortissimi ribassi. Molto si discute nel dibattito nazionale se perlomeno il futuro delle banche popolari, storicamente più radicate nel territorio, si possa tingere di rosa dopo la riforma che, proprio per consolidarne la situazione patrimoniale, le trasforma in società per azioni. Risposta: no. Anche le banche popolari vanno a picco.

Nel frattempo, sono mesi che il governo "mai-eletto-dal-popolo-sovrano" a parole e consueta annuncite cerca di far nascere una bad bank, cioè una banca pubblica dove dirottare tutti i crediti deteriorati in sofferenza e per questa strada alleggerire le banche italiane che potrebbero così ricominciare a fare credito. Restituendo un po' di fiato alle famiglie e alle nostre imprese. Da Bruxelles si preme affinché la Bad Bank sia interamente pubblica. Ma l'esecutivo italiano non la vede in questo modo, la vuole mista. Lo spettacolo è sotto gli occhi di tutti. Il sistema bancario italiano, ormai da diversi giorni, è dentro un tornado finanziario-politico. Una situazione di emergenza che ci ricorda l'attacco ai titoli di stato italiani nel 2011-2012.

Il sistema bancario italiano con una simile zavorra di sofferenze non riuscirà ad uscire dal baratro in cui si trova e soprattutto salvarsi.

Il 4 maggio scorso, il Presidente del Consiglio, Matteo Renzi, intervenendo ad un incontro con il gotha del mondo finanziario a Piazza Affari a Milano sentenziò, ieratico e come sempre sicuro di sé: "Nelle prossime settimane troveranno corso e concretizzazione i passaggi sulle sofferenze bancarie e sugli strumenti tesi a rendere il sistema bancario italiano alla pari di quello degli altri Paesi europei".

Poi, il nulla: è chiaro che il governo ha dei problemi a far digerire alla burocrazia europea dei provvedimenti utili alla nazione italiana.

Quel che è successo con il Decreto Salvabanche ossia la penalizzazione imposta dall'Europa agli obbligazionisti subordinati delle quattro banche coinvolte, è unicamente la punta dell'iceberg.

La sistemazione delle sofferenze bancarie con un intervento pubblico, anche se non necessariamente con soldi pubblici, andava attivata con tempestività. Prima che fosse troppo tardi. Invece, con il Salvabanche, il Governo ha chinato la testa ai diktat di Eurocracy.

In realtà, sono stati numerosi i Paesi europei che, in passato, hanno sistemato le proprie banche con provvedimenti pubblici, talvolta sponsorizzati dall'Europa e perfino con fondi europei: vedi il caso della Spagna. Traduciamo: erano soldi "anche" nostri. Ma adesso un provvedimento di queste tipo potrebbe configurarsi in aiuti di stato. Dunque vi abbiamo già fatto intuire l'antifona di questo capitolo-cruciale: tra tutti i settori economici che versano in agonia e lo saranno sempre più, a fronte della crisi infinita post era finanziaria, campeggia l'intera industria bancaria. Non solo per le conseguenze e considerazioni che emergono dal frangente di assoluta criticità che tartassa e massacra il tessuto della piccola e media impresa di cui, certo in Italia, il sistema bancario rappresenta la principale fonte di finanziamento.

Tuttavia dal nostro punto di vista, l'annosa questione sullo stato di afflizione delle banche italiane, improvvisamente salita alle cronache mediatiche ad inizio anno, non rappresenta in alcun modo una novità. Anzi. Le sofferenze bancarie sono costantemente e progressivamente aumentate dal 2009: questa dinamica è conseguenza del costante deterioramento del tessuto imprenditoriale italiano, sempre più aziende chiudono, sempre più aziende vanno in affanno per l'oppressione fiscale, sempre più capitali e risorse vanno al'estero cercando un rifugio dalla Morte Nera ossia il sistema buro-partitico italiano. Il governo mediante il Ministero della Propaganda continua la sua interrotta opera per preservare lo status quo mediante ridondanti proclami sul buono stato di salute del Paese. Addirittura adesso si parla non più di crescita economica, ma di ripresa epocale. In vero penso immaginate di che presa stiamo parlando.

Da quando è esploso il bubbone finanziario con i subprime nel 2008 negli USA ed il contagio si è diffuso in tutto il mondo, i media di regime e gli interlocutori politici di allora si sono subito precipitati a rincuorare contribuenti e risparmiatori italiani: tranquilli, tutto a posto, le nostre banche non sono come quelle americane o inglesi, noi non rischiamo il contagio. In un certo senso questo aveva una sua valenza di obbiettività, il sistema bancario italiano non è stato più di tanto colpito dallo tsunami dei subprime.

Per questo motivo non ha fatto ricorso ai possibili aiuti allora percorribili dalle autorità sovranazionali diversamente da quanto hanno fatto invece banche spagnoli, olandesi, inglesi e germanesi, ognuna con proprie criticità riconducibili proprio agli stretti rapporti con il mondo anglosassone.

Nel 2009 i crediti deteriorati in portafoglio alle sei grandi banche italiane erano meno di cento miliardi. Sono passati cinque anni e questo importo ormai è quasi quadruplicato. Cosa è successo ? Semplice, l'Italia ha fatto i conti gli effetti collaterali della crisi finanziaria ossia quella economica, quella che ha colpito negli anni successivi le piccole imprese e le famiglie a causa del credit crunch, dell'aumento dell'oppressione fiscale e dei fenomeni di delo-calizzazione sia esogena che endogena.

Morale ? Il Paese si è strutturalmente indebolito, ha perso risorse, capacità di produrre ricchezza e molta di questa ricchezza è stata spesa per continuare ad resistere o è stata trasferita altrove. Le banche pertanto hanno cominciato a incassare insoluti e default patrimoniali ossia incapacità di sostenere i debiti precedentemente contratti da parte di tutti: imprese, famiglie e privati. Mettetevi in testa che non basterà una bad bank per risolvere il tutto. Magari la bad bank attenua per qualche semestre la pressione alle vendite e prova a far ritornare il sereno in borsa. Ma nel lungo termine in assenza di una strategia industriale per il Paese abbandonato ormai alla genialità di qualche piccolo e grande imprenditore che continua a fare il Don Chisciotte, non vi è altro che un lento e costante impoverimento generalizzato, affiancato pericolosamente da un'immigrazione extracomunitaria povera e priva di mezzi di sostentamento. Non ho dubbi chi pagherà tutto questo nei prossimi anni: pensionati e risparmiatori. Solo levando a queste due tipologie di contribuenti si potranno drenare velocemente e facilmente risorse (temporaneamente) per sostenere il mostro famelico della spesa pubblica.

Ma andiamo oltre. La crisi bancaria trova comunque anche fondamento nella caratteristica strutturale del tessuto della microimpresa italiana ossia la quasi fisiologica sottocapitalizzazione.

Il piccolo imprenditore di turno non appena si è trovato in contrasto con la propria banca, che per anni gli ha fatto da unico soggetto finanziatore, è andato in crash finanziario non avendo altri canali a cui attingere risorse o capitale di rischio. In sostanza noi italiani stiamo vedendo e vivendo una metamorfosi letale di quasi tutto il nostro tessuto imprenditoriale. Non voglio pensare a chi ha figli in tenera età e a quale destino occupazionale saranno catapultati.

Di certo sappiamo che il 2016 sarà l'anno horribilis per tutto il sistema bancario italiano, sia per come si trasformerà, pensiamo solo a operazioni di fusioni obbligate e forzate dagli organismi di vigilanza bancaria o ai cambi di assetto proprietario che avranno alcune banche di rilevanza nazionale, e sia per come verrà alla ribalta (se non addirittura esploderà) il bubbone ancora nascosto del credito cooperativo.

Non ci sono comunque solo le sofferenza bancarie a turbare il nostro sonno. L'agonia dell'industria bancaria italiana è dovuta anche – ed in taluni casi soprattutto - alla rivoluzione industriale di settore attualmente in corso: il modello di business tradizionalmente adottato tanto dalle grandi banche, quanto dalle piccole realtà locali, è in banca-rotta. Letteralmente. Ci riferiamo qui alla banca concepita come un'impresa che offre ed eroga dei servizi su un territorio determinato, circoscritto, con una rappresentanza fisica e capillare di punti di fruizione e contatto con i clienti, quelle che abbiamo sempre chiamato "filiali bancarie".

Negli ultimi dieci anni, siamo sempre stati abituati a pensare che la crescita di un istituto di credito fosse determinato tanto dal numero di nuovi clienti acquisiti, quanto dal quantitativo di nuovi prestiti erogati. Ma anche dalle nuove filiali aperte in un'ottica di espansione e di conquista geografica.

Questo modello di crescita e sviluppo dimensionale, per ogni azienda bancaria, è andato avanti sino alla fine del primo decennio del nuovo millennio.

A partire dal 2010 in avanti, la presenza sul mercato di dispositivi di ultima generazione, come gli smartphone e i tablets, a prezzi accessibili alla gran massa, fanno decollare il numero di utenze e clienti bancari che richiedono esclusivamente il servizio di home banking. Insomma, gli sportelli costruiti intorno a te. Oggi, la maggior parte dei clienti in età giovanile esige che la propria banca sia reperibile, consultabile e consenta operazioni di svariata natura e portata esclusivamente mediante servizi e strumenti di multicanalità. Tutto ciò segna un cambio di mentalità epocale: finisce al bando, nel contempo, la filiale bancaria tradizionale che fa perdere tempo, costa denaro e non consente di efficientare il rapporto con il proprio istituto di credito. Così in questi ultimi anni la rivoluzione industriale si è trasformata in una rottamazione degli sportelli bancari che conoscevamo. Con un processo inesorabile ed inevitabile di ritirata dai territori da parte di tutti i grandi gruppi bancari tanto internazionali, quanto italiani.

In Italia, solo negli ultimi cinque anni, sono stati

soppressi oltre 5.000 filiali. Numeri importanti che nella previsione di chi scrive Eurocracy raddoppieranno nei prossimi dieci anni. Si è passati infatti dalle circa 33.000 filiali del 2008, alle 28.000 stimate per la fine del 2015.

La ritirata produce e si tira appresso anche una ristrutturazione interna per gli operatori dell'industria bancaria e del risparmio gestito. Che stanno subendo indirettamente le conseguenze della "rottamazione" di filiali, cioé la gestione del personale in esubero che, per ovvie ragioni, non potrà essere interamente riassorbito dalle singole realtà bancarie.

Per citare un caso principe in Italia, il solo Gruppo Unicredito prevede 18.000 esuberi entro il 2018, che dovranno essere gestiti mediante uscite volontarie o impiego di fondi interni di solidarietà del personale attualmente dipendente.

Trenta anni fa, chi terminava le scuole superiori sognava di andare a lavorare in banca. Nella mentalità popolare diffusa, la banca era infatti concepita come un datore di lavoro sicuro e stabile nel tempo, oltreché prestigioso a livello sociale.

Le cose sono molto cambiate. Oggi possiamo dire che essere lavoratore dipendente di una qualsiasi banca, italiana o non, per l'epoca che stiamo vivendo, rappresenta il peggior ambiente lavorativo in cui essere impiegato. Basta farsi una chiacchieratina con un dipendente qualsiasi, e ascolterete di che stiamo parlando. Trovando un riscontro "di prima mano".

La trasformazione e la rivoluzione economica in atto non riguarda unicamente le attività tradizionali, quindi l'erogazione di credito commerciale e i servizi di deposito e gestione del contante. Ma tocca l'intera industria del risparmio gestito, richiamando in causa le figure dei promotori finanziari, dei private banker o dei family banker. Queste categorie professionali, saranno soggette ed interessate a significativi cambiamenti del loro modello retributivo. Proprio grazie alla presenza odierna di strumenti e piattaforme di gestione del risparmio fruibili mediante la rete o mediante servizi di advisory indipendenti a pagamento.

Tutto ciò diviene possibile grazie alla progressiva invadenza e onnipervasività della web economy a discapito della old economy, che risulta sempre più inefficiente ed onerosa. In una parola, non più competitiva sul mercato.

L'intero settore economico, sul piano della riorganizzazione delle risorse umane, subirà poi gli effetti deleteri dei recenti scandali finanziari che hanno colpito tanto grandi banche di portata internazionale, quanto realtà molto più modeste. Mettendo ancora una volta in stato d'accusa l'operato del management e la lealtà, deontologia e correttezza nei confronti della clientela.

Permetteteci di aprire una parentesi. Il problema dei banchieri che mangiano i depositi e gli investimenti dei clienti è presentato ed illustrato dai media (di regime) in modo deliberatamente fuorviante. Ovvero come circoscritto a casi anomali, limite e isolati, di pessimo esercizio dell'attività bancaria. E di insufficiente sorveglianza da parte degli organi di controllo.

Falso: al contrario, da sempre la frode e l'usura e le falsità in bilancio - come i prestiti predatori e i prestiti di favore a complici che non li restituiranno - sono tra le più costanti ed efficienti fonti di reddito dei banchieri.

Il sistema bancario italiano galleggia ancora solo perché le pratica usualmente nella complessiva tolleranza delle autorità, compresa quella giudiziaria. Queste pratiche, benché illecite, rendono moltissimo.

Perciò sono la regola del business bancario. Non già una deviazione. Lo conferma il fatto che i dipendenti delle banche in default riferiscono di essere stati sistematicamente indotti dai loro superiori a smerciare ai risparmiatori titoli bidone, sotto minacce varie e possiamo immaginare il loro "inferno" quotidiano (anche qui, valga quel che scrivevamo poche righe prima).

La lista delle banche decotte si sta allungando rapidamente, e continuerà ad allungarsi. Credete a noi.

Scenario possibile: probabilmente il fenomeno verrà pilotato per sopprimere banche locali e territoriali, in favore di quelle più ampie. La classe finanziaria, nei secoli dei secoli, si è sempre industriata per creare nuovi strumenti giuridici, finanziari, e recentemente anche tecnologici, con cui incrementare e legalizzare le frodi e l'usura verso i propri clienti, il fisco, le pubbliche amministrazioni.

Lo ha fatto pagando e "comprandosi" la politica e corrompendo gli organi di controllo. E stringendo alleanze di potere.

Pensiamo solo a come i banchieri, anche i più grossi, in tempi recenti hanno fregato gli enti pubblici con i contratti derivati costruiti da esperti per buggerare i contraenti.

In particolare, negli ultimi decenni, attraverso un metodico lavoro di lobbying sulla classe politica, tra le altre cose utili a questi scopi si è riusciti ad ottenere dal legislatore, negli anni '90, il ripristino della banca universale, cioè l'abolizione della separazione tra banche di credito e risparmio e banche di investimento finanziario, nonché, dagli anni '80 fino all'ultima riforma renziana. La privatizzazione graduale della gestione del finanziamento del debito pubblico e della banca centrale di emissione, vedi il golpe monetario del

16.12.06 e la riforma-regalo del DL 133/2013. Con la prima delle due riforme, i banchieri si sono fatti autorizzare a usare, con leve temerarie, i soldi dei depositanti per compiere azzardate speculazioni tradottesi in vere proprie truffe sui mercati finanziari regolati e non. Mandando spesso le banche a gambe all'aria dopo averne estratto l'attivo patrimoniale ed essersela intascato, distribuendone parte come bonus ai gestori criminali. Con la seconda riforma, si sono fatti controllori di se stessi. E' pertanto da allocchi meravigliarsi ora se le banche centrali, da loro controllate, anziché impedire questi abusi, li nascondono e li agevolano. Viene da sé che anche la giustizia non punisca praticamente mai i banchieri delinquenti. A differenza di quanto accade altrove: negli USA, buttano la chiave.

Non stupisce quindi che la politica in questa fase storica si impegni per togliere alla popolazione l'uso della moneta cartacea, emessa dalla banca centrale, per imporle l'uso di quella elettronica, creata a costo zero dai banchieri privati. E che essi possono azzerare semplicemente con un click di mouse nel loro pc.

Se pensiamo a quanto inaffidabile e in flagrante conflitto di interessi si è dimostrata la classe dei banchieri, la scelta di affidarle addirittura la creazione e il mantenimento in esistenza della moneta – bene pubblico essenziale – manifesta concretamente quanto è servile e criminale la casta politica.

Se non lo fosse, tutelerebbe i depositanti in un modo semplicissimo: farebbe una legge in base alla quale i soldi depositati in banca, salvo diverso accordo, rimangano di proprietà del depositante, e non divengono di proprietà della banca, come invece succede oggi. In tal modo, quand'anche la banca fallisca, i depositi sarebbero al sicuro. E farebbe una seconda legge per nazionalizzare la banca centrale e magari anche le banche di importanza strategica.

Invece questi politicanti farabutti e corrotti hanno costruito un sistema in cui la gente, gli imprenditori, gli artigiani, devono depositare il denaro in banche che da un lato non remunerano i depositi, né le obbligazioni, con ragionevoli tassi di interesse, e dall'altro li possono arrischiare in operazioni anche fraudolente, fino a perderli, senza mai pagare le conseguenze.

Quando oggi si parla all'opinione pubblica del problema della sicurezza bancaria e della necessità di riforme, la questione è appiattita sul presente, sui fatti e fattacci accaduti, ed è presentata in modo cronachistico, aneddotico.

Insomma, dalla narrazione-story telling viene rigorosamente tenuta fuori la suddetta realtà strutturale, la prospettiva storica dei rapporti tra banchieri, frodi, politica, legislazione, e gli ultimi episodi, dal disastro-scandalo del Monte dei Paschi di Siena, una banca sempre più allo sbando, vengono presentati come novità, incidenti, azioni individuali, anziché come episodi di una vicenda che va avanti da secoli, e in cui il potere finanziario ottiene sempre la meglio, cioè riesce a continuare il suo business, perché lavora con metodo, perseveranza e orizzonti di lungo periodo.

Eppure, sono decenni che avvengono bancarotte bancarie e che ogni volta i tromboni istituzionali promettono che sarà l'ultima volta.

Va ammesso che i cittadini preferiscono e capiscono meglio le narrazioni giornalistiche in chiave aneddotica e morale, emotiva, passionale, dove ci sono comodi colpevoli-capri espiatori con cui prendersela. Piuttosto che le complesse e lunghe analisi economiche, strutturali, che spiegano le cose in termini di fattori impersonali. Che sono necessarie per capire ed intervenire con efficacia. Alle volte, dopo crisi di particolare gravità socio economica, avvengono reazioni politiche che lanciano riforme per tutelare gli interessi dell'economia reale, dei lavoratori, dei risparmiatori, contro quelli della rapace classe bancaria.

Così fu, nella Roma antica, con le riforme dei Gracchi e, in tempi più recenti, con la legislazione del tipo Glass-Stegall, che, in seguito della crisi del '29, alla metà degli anni '30, impose in molti paesi la separazione tra banche di credito e risparmio e banche di investimento finanziario. Ma dopo simili riforme, nel medio-lungo periodo, attraverso il suo metodico lavoro di condizionamento e di corruzione, la classe bancaria - che, a differenza del popolo, è organizzata, attenta e consapevole, nonché lungimirante - regolarmente recupera le posizioni perdute. Neutralizzando ed inertizzando le riforme che ne limitano la libertà di azione e di profitto. Avanzando verso nuove conquiste di potere e sfruttamento sulla società.

Proprio quest'ultima, interminabile crisi economica, con i suoi banchieri super-truffatori che diventano ministri e capi di governo per gestire i disastri da loro stessi creati, e addirittura dettano le regole della sana economia, è l'apoteosi del sistema che vi abbiamo decritto senza giri di parole. Eurocracy soprattutto e sopra tutto. Trasferendo ampie quote del reddito nazionale dai lavoratori e produttori di ricchezza reale ai capitalisti finanziari improduttivi, impadronendosi anche di ulteriori quote di potere politico.

Se teniamo presente questa realtà storica, le promesse del governo "non-eletto-dal-popolo-italiano" di fare una riforma del settore del credito nell'interesse dei risparmiatori e a tutela dei loro diritti, appaiono essere pura ipocrisia. Insomma, l'ennesima frottola da piazzista di provincia. Pur senza bisogno di ripercorrere la storia del suo partito, e dei suoi alleati cattolici, in relazione alle riforme fatte in materia bancaria dagli anni '80 ad oggi. Tutte meticolosamente studiate per consentire ai banchieri lucrosi abusi di ogni sorta a spese della società civile e produttiva.

Ricordiamo che le fortune dei politicanti derivati dal vecchio PCI sono dovute proprio alla loro alleanza strutturale col capitalismo finanziario, con la sua capacità di pagare, comprare, remunerare e finanziare i suoi servitori più di ogni altro gruppo organizzato, e con i suoi interessi contrapposti al resto della società. Contrapposti, perché per il capitalismo finanziario le crisi economiche e le guerre sono storicamente le migliori opportunità di profitti ed affermazione.

E' ovvio rilevare come, alla prova dei fatti, il dogma dell'indipendenza dei banchieri centrali dai poteri pubblici come condizione per una sana finanza, tanto caro agli europeisti, fa acqua da tutte le parti.

Non solo perché quei banchieri centrali, di fatto, stanno dando migliaia di miliardi gratis ai banchieri per operazioni finanziarie mentre non fanno arrivare liquidità all'economia reale, ma anche perché in realtà questo dogma è servito a rendere le banche centrali indipendenti dei controlli pubblici, però dipendenti e possedute dai banchieri privati, in modo che questi possono fare quello che vogliono anche con risparmio dei cittadini, controllando l'organo che dovrebbe controllarli, e continuando a presentare bilanci aggiustati ad arte per nascondere le perdite.

Ora, fateci ritornare sui nostri passi iniziali: con la crisi del 2008 si pensava che le banche avessero capito e compreso quali fossero i comportamenti negligenti da abbandonare.

Ma a distanza di otto anni, la maggior parte di loro persevera a operare verso la propria clientela con lo stesso modus operandi, se non peggio.

I recenti scandali finanziari, hanno consentito in Italia di far emergere, per talune realtà bancarie la figura del cosiddetto "presidente padrone". Un'unica persona chiave che, nel suo mandato di governo, ha trasformato l'istituto di credito che presiedeva in un vero e proprio feudo medioevale basato su clientelarismi personali, consigli di amministrazioni e organi di controllo composti da yes men, con il solo scopo di assecondare le operazioni di gestione ordinaria e straordinaria, di volta in volta osannate dal presidente-padrone.

In Veneto si sono sviluppati numerosi casi di rilievo riguardanti episodi di malagestione bancaria, riconducibili alla governance di un solo presidente padrone. Una governance resa possibile e suggellata dal voto capitario - in assemblea degli azionisti un voto per ogni singolo azionista, a prescindere dal numero di azioni detenute - che ha prodotto concentrazioni di affidamenti a pochi eletti o nei confronti di un solo ed unico settore economico, minando, in questo modo, la solidità patrimoniale e la serenità finanziaria dell'istituto stesso.

I casi di Veneto Banca e di Banca Popolare di Vicenza, ad esempio, sono riconducibili proprio a questa dispotica ed arbitraria modalità di governo che, tuttavia, negli anni precedenti gli scandali e le inchieste in corso attuali della magistratura, hanno sempre avuto un consenso quasi unanime da parte dell'azionariato che rappresentava la banca.

Pertanto, il 2016, a fronte della messa a regime del meccanismo di risoluzione del bail-in, dà di fatto inizio ad una nuova era del rapporto fiduciario tra banche e propria clientela, essendosi esacerbato il rischio che ora i secondi intravedono sui primi. Già ma dal punto di vista pratico come potrebbe fare l'uomo medio della strada a misurare questo rischio ? Quali sono, a questo punto, i parametri vitali che devo conoscere per rendermi conto della salute dell'istituto di credito in cui ho depositato i miei risparmi ? Come facciamo a livello molto spicciolo a renderci conto se la nostra banca si trova effettivamente in buono stato di salute, oppure sta soffrendo un raffreddore, oppure rischia la tubercolosi ?

Per rispondere a questo angosciante quesito, ci viene in soccorso tanto la matematica finanziaria quanto la ragioneria applicata, anche se purtroppo non sono discipline di facile comprensione e non si prestano a semplificazioni divulgative.

Andiamo per gradi. Una banca è un'azienda. In quanto tale ha crediti, debiti ed un capitale di rischio iniziale. Quest'ultimo solitamente è rappresentato dal denaro che hanno apportato gli azionisti ed i fondatori.

In una banca, contrariamente a quanto avviene per le altre tipologie di aziende, i depositi che hanno effettuato i clienti sono un elemento del passivo, che rappresentano un prestito (temporaneo) che si sta effettuando alla banca, mentre i debiti che hanno i clienti sono un elemento di attivo patrimoniale, in quanto rappresentano un prestito che ha concesso la banca nei loro confronti.

Già da questa semplicistica rappresentazione di patrimonio possiamo individuare il quoziente Loan to Deposit Ratio (LTD), che rapporta il volume dei prestiti concessi dalla banca rapportato al volume dei depositi.

Questo quoziente può esprimere un indice di liquidità della banca: se superiore 1.0 significa che la banca ha prestato più di quanto ha raccolto. Esponendosi ad un possibile stress finanziario per far fronte ai propri impegni verso i correntisti. Se inferiore ad 1.0, è l'esatto contrario: attenzione comunque che un LTD troppo basso può anche compromettere la capacità della banca di creare reddito e questo nel lungo termine diventa un elemento negativo.

Una banca che produce utili significa che è in buona salute, sempre che non nasconda viziosamente la valutazione ed il vero stato di alcune poste contabili di critica quantificazione come appunto i crediti considerati inesigibili o le sofferenze. Queste ultime, ad esempio, se espresse in percentuale rispetto agli impieghi erogati possono essere un ulteriore elemento di valutazione.

Ad oggi il sistema bancario italiano ha raggiunto in percentuale il record storico del 10 %. Significa che mediamente ogni 100 euro prestati, 10 euro sono in forse in termini di restituzione. Sul versante patrimoniale se queste sofferenze diventassero interamente inesigibili andrebbero ad erodere oltre il 20 % del patrimonio bancario. Prima della crisi finanziaria questa percentuale si aggirava ad un fisiologico 3 %.

Un ulteriore elemento di valutazione è costituito dall'ormai arcifamoso Core Tier 1, conosciuto anche come Capital Tier 1. Sostanzialmente esprime il capitale di rischio delle banca ossia il capitale sociale con le riserve di utili accantonati in rapporto al volume dei prestiti ponderati per classi di rischio.

Consente pertanto di comprendere se la banca in questione ha un patrimonio sufficiente per restituire il denaro alla propria clientela, tenendo conto anche dei prestiti precedentemente erogati che potrebbero diventare sofferenze o crediti inesigibili. Questo quoziente rappresenta un pilastro della normativa di Basilea 3 imponendo il livello minimo di 8,5 % (pertanto più alto è il numero, più elevata è la solidità della banca). In sintesi il Core Tier 1 è una misura del grado di patrimonializzazione che ci consente di definire la solidità del suo patrimonio secondo le recenti guide linea europee. La conoscenza da parte del piccolo investitore o risparmiatore di quanto abbiamo esposto, avrebbe consentito a decine di migliaia di piccoli risparmiatori italiani, che sono stati vittima degli scandali finanziari riconducibili a Banca Popolare dell'Etruria, Cassa di Risparmio di Chieti, Cassa di Risparmio di Ferrara e Cassa di Risparmio di Rimini, di reagire e proteggere i propri risparmi faticosamente accantonati.

Dopo il salvataggio delle "famigerate" quattro banche italiane (Banca Marche, CR Ferrara, CR Chieti, Popolare Etruria) è scattata una psicosi collettiva tra i comuni risparmiatori. Una paura, anzi un terrore, che è alimentato in ogni istante da un circolo vizioso e crescente di informazioni e disinformazioni, che amplificano la sensazione di insicurezza.

Paure che se da un lato possono alzare il livello di allerta del singolo e quindi contribuire ad una migliore vigilanza e controllo delle personali posizioni detenute presso i diversi istituti italiani, dall'altro potrebbero arrecare ancor più danni se il latente terrore diventasse panico collettivo. E ve ne sono le avvisaglie.

Quanto accaduto a quasi tutte le azioni di banche quotate ad inizio anno infatti ricorda molto i movimenti anomali sui titoli di stato italiani durante la fase acuta dello spread BTP-Bund nel 2011/12. Allora l'elemento scatenante fu il panico innescato dal crollo dei prezzi dei titoli di Stato: le tesorerie delle banche erano piene di debito italiano.

Un elemento quest'ultimo che per la cronaca non è cambiato ed anzi è cresciuto decisamente con l'intervento della BCE a guida Draghi. L'enorme debito pubblico posseduto dal sistema bancario italiano - ora circa ¼ del circolante - che rischiava di mandare a gambe all'aria il sistema fu prima sedato con il prestito agevolato di oltre 1.000 miliardi di euro all'intero sistema bancario europeo con scadenza proprio nel 2015 (finanziamento con il quale le banche hanno sottoscritto ancora più debito pubblico) e poi dal successivo avvio dell'attuale Quantitative Easing, cioè la stampa di 60 miliardi di euro al mese che da marzo 2015 porta avanti la BCE tramite l'acquisto diretto di titoli di Stato nell'eurozona.

Il panico da allora è stato così fermato per non mettere in crisi sia gli Stati e sia i relativi sistemi bancari ma essendo rimasti non pochi problemi di bilancio all'interno di molte banche a causa dell'eccesivo credito erogato, molto spesso in malo modo "agli amici degli amici" e ai soliti "furbetti del quartierino" - si è adesso giunti dopo tre anni a cercare di risolvere quel problema in altra forma.

Vedete, le quattro banche italiane dello scandalo di fine 2015, oggetto di attenzione viscerale con il Salva Banche, erano commissariate già da tempo, assieme ad altre due dozzine di banche sotto la lente di Banca Italia. Pertanto, quello che hanno subito, oltre che essere prevedibile e pronosticabile, era stato anche ampiamente ostracizzato e fatto notare in tempi non sospetti: è ora di finirla con i piagnistei all'italiana, con la classica sceneggiata napoletana del risparmiatore che chiama il Gabibbo o la trasmissione di inchiesta per avere visibilità e piangere davanti alle telecamere, nella speranza che qualcuno o qualcosa lo possa aiutare. In Italia, mai nessuno è colpevole di qualcosa.

A costo di essere impopolari, l'annosa vicenda sulle quattro banche incriminate ed a quanto accaduto ai loro azionisti ed obbligazionisti è riconducibile per responsabilità tanto ai correntisti e agli investitori quanto alle autorità che dovevano vigilare ed accertare il buono stato di salute e le modalità di governo degli istituti di credito in questione. Possiamo solo confidare che la magistratura riesca a far luce sulle responsabilità oggettive di tali istituzioni e che pertanto provveda ad comminare sanzioni e irrogare condanne: è il suo lavoro, dopotutto.

Per l'accaduto, non possiamo fare altro che richiamare la consueta pigrizia italiana e un intollerabile analfabetismo in termini di cultura finanziaria da parte dei risparmiatori italiani. Essi, negli ultimi dieci anni, non hanno fatto altro che moltiplicare le fonti di rischio nel proprio portafoglio, arrivando a una concentrazione di asset inconcepibili senza, in modo assoluto, produrre o ricercare diversificazione all'interno del proprio portafoglio.

Quando leggiamo o sentiamo, in un'intervista surreale, che un piccolo risparmiatore avrebbe perduto, bruciato l'intera propria liquidazione o i risparmi di una vita, perché li avrebbe investiti nelle azioni della Banca XY o nelle obbligazioni emesse dalla medesima, non possiamo che sollevare dubbi sul suo comportamento.

I risparmiatori italiani, negli ultimi venti anni, tranne una piccolissima, minoritaria porzione, non hanno cercato di costruire portafogli robusti, diversificati e soprattutto resilienti, dove con questo aggettivo identifichiamo un portafoglio capace di assorbire una vicenda o un episodio di mercato inaspettato in poco tempo.

Purtroppo, ancora ad oggi, la maggior parte dei portafogli italiani sono massificati, in termini di rischio, nei confronti di un singolo emittente, sia esso un'obbligazione bancaria, un titolo di Stato o l'azione di una banca quotata oppure no. È abbastanza ipotizzabile attendersi che nel corso del 2016, si verificheranno ulteriori episodi nefasti di cronaca finanziaria, causa errata allocazione e completa mancanza di buon senso e lucida consapevolezza nella costruzione e preservazione del proprio patrimonio finanziario, tanto nella consistenza, quanto nella sua provvidenziale "resistenza".

Come scrive Federico Fubini sul Corriere della Sera: "Se c'è una lezione che lasciano questi anni, essa riguarda in primo luogo le dinamiche dell'instabilità. Quella di questi giorni sulle banche è una frazione infinitesima dell'esperienza vissuta dall'area euro nel 2011 o nel 2012. Ma i suoi ingranaggi hanno almeno un punto in comune con allora: il contagio finanziario attacca dove percepisce che gli anticorpi della politica sono diventati più deboli. Quando è così, basta un grido d'allarme per innescare una grande fuga verso la porta d'uscita del mercato italiano. Poco importa che alla base ci sia il rischio di un equivoco, reso ancora più intrattabile dalla difficoltà di chi investe a capire cosa stia accadendo fra Roma e Bruxelles e esattamente su quale rotta sia fissato il timone. Ogni scambio di battute al vetriolo di Matteo Renzi a Roma e Jean-Claude Juncker a Bruxelles non fa che alimentare la paralisi". Il giovane premier toscano, se continua con il suo atteggiamento spocchioso, finirà anche lui berlusconizzato a colpi di spread. Garantito.

5

LA CASA DEGLI INCUBI

C'è un conosciuto detto francese che recita più o meno in questo modo: "Quand il va toute l'economie de la brique". Quando va il mattone, funziona tutta l'economia. E siamo un po' tutti d'accordo, no ? L'edilizia è la cartina di tornasole dello stato di salute di un'intera economia.

C'è da dire che anche per noi italiani, tradizionalmente, l'edilizia per l'impresa e la casa per le famiglie, hanno sempre giocato un ruolo strategico, centrale e primario nella costruzione, nel consolidamento e preservazione del proprio livello di benessere e nella ricchezza patrimoniale. Pochi dati sono sufficienti per capire l'entità storica del fenomeno.

Nel 1981, i nostri connazionali che vivevano in una casa di proprietà erano il 64 %. La percentuale nei decenni successivi ha avuto una crescita costante. Nel 2012, come sottolineava il Censis (Centro studi e investimenti sociali) ma anche sulla base della fotografia scattata dall'Agenzia delle Entrate, la percentuale era salita all'81 %. Numeri significativi, soprattutto se raffrontati alla situazione immobiliare di altri Paesi europei, ad esempio la Francia che citavamo qui sopra: solo il 61 %, oppure i tedeschi: solo il 46 %, sempre nello stesso periodo considerato.

Ma noi italiani rimaniamo comunque un popolo di proprietari di case o il panorama sta mutando anche su questo fronte apparentemente consolidato ? Il fatto è che oggidì, investire nel mercato immobiliare in Italia è pura follia. Uno sguardo ai numeri ci basta per capire che il mercato immobiliare tricolore è ingessato e marmorizzato. Da essere pressoché inagibile ed impraticabile. In base alle cifre fornite da Nomisma, dal 2005 a oggi la domanda di immobili si è più che dimezzata. Un crollo verticale che fa impressione. Vediamo le principali motivazioni. Che a nostro parere appaiono fondamentalmente due.

In primo luogo, chi ha liquidità e vorrebbe investire in immobili è frenato dal timore di nuove tasse e patrimoniali sugli immobili o dalla paura di dover giustificare il proprio acquisto di fronte a strumenti come il redditometro. E quindi cerca altre soluzioni di investimento per i propri quattrini.

In secondo luogo, a causa delle perduranti difficoltà e turbolenze del settore finanziario, di cui abbiamo diffusamente scritto prima in Eurocracy, le banche concedono credito con parsimonia e diffidenza. Richiedendo in genere garanzie che la maggior parte delle persone non può o non si sente di dare.

Il risultato è che chi vorrebbe comprare casa, di fatto non riesce a ottenere un mutuo. E il sistema si paralizza. Con effetti a catena sull'intera filiera economica.

I dati Nomisma mostrano che, negli ultimi anni, l'offerta di immobili – cioè la quantità di case messe in vendita - è cresciuta di oltre il 50 %. Un'impennata provocata dalla necessità di reperire liquidità o a sofferenze bancarie che il venditore cerca di arginare per evitare insolvenze. In Italia in questo 2016 le cose non stanno andando meglio: il mercato immobiliare rimane ingessato. La quantità di immobili in vendita aumenta vertiginosamente. Gli acquisti al contrario collassano. E purtuttavia, non si è ancora prodotta una significativa diminuzione dei prezzi, come in altri paesi del mondo.

I venditori, com'è legittimo e persino fisiologico, non ci sentono dall'abbassare il prezzo. Una quota parte tra essi, del resto, non ha necessità impellente di fare cassa e incamerare liquidità. Questi comportamenti stanno determinando quindi un ventaglio di quotazioni ad amplissimo spettro. Troppo ampio, viene avvertito. A tal punto che si fa fatica a comprendere quale sia il vero prezzo di mercato degli immobili oggi.

Il mercato insomma è ancora piuttosto fermo, catatonico, secondo alcuni osservatori, e come dicevamo, le quotazioni immobiliari hanno un range di variabilità veramente impressionante. Da giramenti di testa.

Aggiungiamoci, naturalmente, le tasse che gravano sugli immobili: come dire che questi sembrano e oggettivamente sono davvero tempi cupi, per il mercato immobiliare nazionale.

Lo scenario che all'inizio di questo capitolo ricordavamo, rischia di subire una profonda trasformazione ed involuzione socio-economica, perché i nostri connazionali, non solo non comprano più e non investono più convintamente negli immobili, ma in molti casi, arrivano addirittura a disfarsene in fretta e furia. Visto e considerato che non ce la fanno più a sobbarcarsi i crescenti, insostenibili oneri di gestione. Cosa sta succedendo ? Beh sta accadendo, per fare qui un altro esempio tangibile e significativo, che sono in costante aumento i proprietari di immobili che fanno ricorso all'articolo 827 del codice civile, quella norma che prevede il passaggio degli immobili abbandonati al patrimonio dello Stato.

Questo articolo 827, lo ricordiamo, fu introdotto nel lontanissimo 1942 per impegnare i proprietari a mantenere il decoro delle loro proprietà. Si tratta di una norma che è da sempre vissuta come una specie di spauracchio. Sino a pochi anni fa, perdere una proprietà voleva dire subire un danno. Ma in questo drammatico presente, non è più così. Sì, ve lo confermiamo dalle colonne di Eurocracy: sono sempre di più gli italiani che dichiarano all'Agenzia dell'Entrate di avere abbandonato una casa, un magazzino, un capannone. Un fenomeno di abbandono, di resa incondizionata, di fuga che sta prendendo talmente piede, da fare ipotizzare la possibilità di applicare anche a queste transazioni il pagamento dell'imposta sul passaggio di proprietà.

Il crollo inesorabile delle compravendite immobiliari, ha un responsabile principale, addirittura al di sopra della crisi economica, che dal 2008 ha portato il Paese alla recessione: è, l'avrete già capito da voi, l'eccessiva ed esorbitante oppressione fiscale.

Confedilizia ha appurato che nel passaggio dall'Ici all'Imu, che risale al 2012, con il contestuale aumento dei moltiplicatori catastali, ha generato a carico di famiglie e delle imprese l'effetto di una patrimoniale straordinaria. Provocando una enorme caduta, oltre che del numero di compravendite, dei valori degli immobili. Con la susseguente introduzione della Tasi, sugli italiani è gravato un nuovo inasprimento del carico fiscale.

"Per tornare a crescere bisogna modificare il sistema degli incentivi. Oggi, il nostro Paese tassa i fattori produttivi e premia la rendita. Serve una rivoluzione copernicana del sistema fiscale che riduca la pressione sul reddito personale e sulle imprese e la accresca sugli immobili e sulle rendite finanziarie": era il 2011 e Renzi, da sindaco di Firenze, lo diceva testualmente illustrando alla Leopolda fiorentina le sue 100 proposte per il PD, che di lì a poco avrebbe comandato, con tanto di rottamazione di chi non era d'accordo con lui, e la presa manu militari – con successivo dominio & dispotismo - del Nazzareno.

Di Renzi e del suo presunto e seducente disegno riformista, scriveremo nel capitolo finale di Eurocracy. Intanto possiamo ricordare che a ottobre 2015, con il supporto e sostegno di Padoan, il premier è stato di parola. In effetti, la rivoluzione copernicana del fisco l'ha fatta: anche se opposta a quella strombazzata e preannunciata.

Dal 2016, infatti, come saprete, gli italiani proprietari di prima casa non verseranno più IMU e TASI. E ciò, indipendentemente dal genere di casa e a prescindere dal reddito del titolare di questa prima magione.

L'abolizione pesa per 3,7 miliardi di euro. Ora, conteggiando anche l'IMU agricola e sui macchinari imbullonati, ecco che il conto della serva sale a 5,1 miliardi di euro. Non proprio buscolini. Ma Renzi si sarebbe andato a impelagare, stando ai suoi detrattori-gufi e ovviamente a giudizio delle depauperate ed inerti opposizioni-gufissime, in un provvedimento che sarebbe buono soltanto in chiave propagandistica, elettoralistica, populista e di bieca convenienza opportunistica.

Non un buon segno, diciamo così, se poi uno da grande volesse provare a studiare da statista. Ma tant'è. Ora, le tasse sulla casa sono in assoluto le più invise ed insopportabili da parte dei nostri connazionali e questo fatto è chiaro come la luce del sole. E ben noto.

Infatti, subito sono piovute critiche su Palazzo Chigi:

dalla Commissione Ue, dall'FMI, da Eurostat e dall'Osce. Tutte istituzioni di gufi, com'è evidente nella visione del premier e leader PD, che hanno insistito sulla necessità di tagliare il costo del lavoro, non già le tasse sulla casa.

Ora, è un fatto conosciuto finanche in Madagascar, che il costo del lavoro in Italia è il più alto in Europa e tra i più elevati del mondo. Mentre, viceversa, la pressione fiscale sulla casa è comunque quantitativamente allineata con la media di Neurolandia.

Dal 2012, infatti, da Bruxelles si sgolano disperatamente a raccomandare ai nostri politicanti - assai poco statisti, quelli non lavorano per il presente, ma per le generazioni del domani - di tagliare le tasse che gravano sul costo del lavoro e alzare quelle sugli immobili, considerate dagli esperti meno dannose per la ripresa economica. Sempre dunque in questa direzione, la Commissione Europea sovente ha parlato di strutture impositive growth-friendly, connotate da una riduzione del carico fiscale sulle imprese e sul costo del lavoro e da un incremento del carico sul patrimonio immobiliare, ripensando i regimi agevolativi che distorcono il sistema e ne riducono l'efficienza.

Morale. Per fare ripartire la benedetta crescita, la priorità è secondo questi angoli visuali, più o meno discutibili, sarebbe quella di tagliare il costo del lavoro, il tristemente noto cuneo fiscale. Alleggerendo per questa via maestra le imposte sulle persone fisiche, che sarebbero considerate come un freno a mano tirato sulla ripresa dei consumi e degli investimenti. Al contrario, il taglio delle tasse sulla casa – sempre secondo una scuola di pensiero economica - non farebbe affatto ripartire l'asfittico mercato immobiliare. Un settore in pesante crisi strutturale e non congiunturale, da anni ormai, cioè da quando abbiamo smesso di comprare case. E da quando l'offerta ha sovrastato e schiacciato completamente la domanda di abitazioni: facendo precipitare i prezzi. Che da quello svenimento, non si sono più rianimati.

Per parte nostra, aggiungiamo che le due politiche di saggia e lungimirante riduzione attiva e virtuosa della fiscalità, una fiscalità dal volto umano e non mostruosa e lunare, ovvero tanto sul mercato immobiliare che sul cuneo fiscale del lavoro, dovrebbero procedere di conserva: cioè assieme, a braccetto, sinergiche. Non già essere contrapposte. Escludendosi vicendevolmente.

Se infatti la cosiddetta spending review della elefantiaca, sprecona, inefficiente, parassitaria e clientelare spesa pubblica venisse tagliata adeguatamente, e non fosse stata una ignobile pagliacciata propagandistica senza costrutto né serietà, ci sarebbero ora le risorse disponibili per farlo. E l'Italia sarebbe salva.

Ma invece no, la prassi italiota sempiterna è la "Legge Mancia". Detta anche gergalmente "Titolo Quinto": ed è per questo malcostume odioso e imperante, che i cittadini sentono questo Stato come ladro e tassicodipendente. Perché i soldi delle nostre tasse, da noi faticosamente meritati e guadagnati, vengono sperperati dagli apparati del potere, per fare prosperare nel lusso, nell'ozio e negli agi e privilegi i loro adepti.

Intanto, il panorama è di giorno in giorno sempre più drammatico e il quadro delle cose si fa più critico, al cospetto dei nostri occhi molto preoccupati.

A conferma vi buttiamo lì un altro dato, da destare vivissima impressione: e si riferisce agli immobili collabenti, ossia inagibili, quegli immobili decrepiti, fatiscenti e lì lì sul punto di crollare. Che sono aumentati del 12,4 % nel giro di un solo anno. Andiamo avanti: contestualmente, le schede di demolizione presentate al catasto sono cresciute del 20 %. Come dire che assistiamo alla progressiva distruzione del patrimonio immobiliare nazionale ed al crollo della capacità reddituale legato al mattone.

Ripetiamo, gli italiani abbandonano case e capannoni perdendone la proprietà a favore dello Stato. In casi meno estremi, preferiscono scoperchiare da sé i propri edifici: che è poi la condizione sine qua non, affinché l'immobile in oggetto non sia sottoposto ad alcuna forma di tassazione. Se l'inagibilità è solo al 50 %, Tasi e Imu si pagavano lo stesso. E si continueranno a pagare, ovviamente, da seconde case. Senza il tetto, la non agibilità sale al 100 %. Siamo ridotti in queste condizioni.

Celebre il caso paradossale riscontrato a Cerignale, in Val Trebbia, poco distante da Piacenza: lì tutte le case non abitate sono state rese collabenti. Dati non ufficiali e peraltro quindi tutti da confermare, ci dicono che nel giro di pochi anni gli italiani proprietari di un immobile siano passati dall'80 % all'attuale 67 %.

E' evidente che un simile trend, ove fosse confermato, sarebbe molto preoccupante. Il mattone è insomma un disastro: le persone vivono la casa come un incubo. La proprietà di un immobile non è più un investimento sicuro, non è più una garanzia per il proprio futuro e per quello dei figli.

Nell'autunno 2011, il deludente Governo del professor Monti – quello che verrà ricordato soprattutto per le immagini della Fornero frignante, mentre a piangere saranno com'è noto migliaia di esodati messi sul lastrico - decise di aumentare le rendite catastali, sino al 70 % per gli immobili a uso residenziale. La rendita catastale complessiva attribuita al patrimonio immobiliare italiano raggiunse i 37 miliardi di euro. E il costo fiscale tra imposte dirette, imposte indirette e tributi locali supera l'asticella da record (orrendo) dei 50 miliardi, contro i 38 del 2012.

Squilibrio evidente: a tal punto che la legge delega per una ineludibile riforma del catasto è diventata ormai una necessità non più procrastinabile. E che dovrà essere accompagnata dal censimento certosino di 63 milioni di unità immobiliari.

Il catasto, infatti, prende in esame unicamente le rendite degli immobili, cioè il reddito medio ordinario che è detraibile dalla locazione. E' necessario, per conseguire nei fatti una indispensabile giustizia ed equità fiscale, tenere conto dei valori di mercato.

L'importanza del mattone fu messa in relazione anche nell'illustrare il rapporto tra il prezzo delle case e la domanda di moneta attivata dal risparmio pro-capite.

Quando la generazione dei baby boomer raggiunse l'età lavorativa e i suoi componenti iniziarono a risparmiare, l'offerta di moneta e i prezzi immobiliari iniziarono una traiettoria crescente. Ma la curva volge a ponente: ed ecco che una volta che questa generazione andrà in pensione, progressivamente, le dinamiche virtuose si invertiranno. Quindi l'andamento del ciclo immobiliare avrà effetti diretti sul sistema monetario e finanziario. Effetti ancora difficile da comprendere appieno.

Altri studi sostengono come l'invecchiamento della popolazione abbia effetto su tutte le classi di asset, in particolare quelli immobiliari, utilizzando un database di dati che coprono gli anni dal 1970 al 2009.

Le stime ci fanno vedere che i fattori demografici colpiscono i prezzi reali delle case e lo fanno in modo significativo. Le stime, formulate sulla base delle previsioni demografiche delle Nazioni Unite dell'anno 2008, ipotizzarono fino al 2050 una tendenza al calo delle quotazioni di 80 punti base l'anno negli Stati Uniti e ancora di più in Europa e Giappone dovuta proprio all'invecchiamento della popolazione.

Pertanto, l'invecchiamento dei cittadini esprime un trend ribassista che, per essere invertito, richiede un notevole sforzo economico dalle popolazioni e dai governi. Ma queste popolazioni sono le stesse che esprimono tale tendenza. Con l'aggravante che un calo del mattone ha effetti depressivi pure sugli altri asset finanziari. Pensate qui solamente al peso che il mattone esercita sui fondi pensioni oppure sul ramo assicurativo, con una quantità di persone che sempre più dovrà fare i conti con l'invecchiamento, la sanità e uno stato sociale non all'altezza dei bisogni incarnati. Per non parlare di quanto questa situazione in rapida evoluzione incida già e condizionerà sempre più il Bilancio dello Stato. Perché non ci dobbiamo mai dimenticare che l'economia, ogni economia, è fatta da persone. E persone che invecchiano fanno un'economia completamente diversa da una economia formata da e con persone giovani.

Certamente, in un passato ormai remoto, i nostri genitori hanno costruito vere fortune, potendo investire in una asset class sicura e ben remunerativa. Quella per l'appunto del mattone.

Tutto questo è durato fino al 2007: in quel momento, il mercato immobiliare residenziale italiano aveva realizzato una fase di topping, raggiungendo la cifra rilevante di oltre 890.000 compravendite esperite nell'arco di un singolo anno solare.

Lo scenario si sconvolge nel 2008, per milioni di famiglie italiane: è allora che quel quieto, rassicurante sogno condiviso della prima casa, si tramuta in un incubo tremendo.

Il numero di transazioni e compravendite su base annua crolla negli anni successivi, portandosi ad un livello di sole 400.000 compravendite nel 2014, livello minimo degli ultimi trent'anni. Mentre scriviamo, il mercato immobiliare delle compravendite ad uso residenziale e commerciale sembra intravedere una piccola inversione di tendenza almeno sul piano quantitativo nel senso che, rispetto al consuntivo 2014, il numero delle compravendite per il 2015, è aumentato dell'8 % per il mercato residenziale e di oltre il 10 % per quello commerciale.

Ma attenzione. Questa nuova dinamica che caratterizza l'aumento delle compravendite, non trova riscontro alcuno in effetti nell'andamento dei prezzi, che rimangono sostanzialmente al palo. Ancora in una fase di flessione, facendo emergere come, in certe aree metropolitane del nostro Paese, si arrivi a contrazioni di oltre il 40 % del prezzo rispetto ai massimi realizzati nel 2007. Ormai, un Eldorado smarrito.

In linea di massima, possiamo assumere e presumere che il momento peggiore per il mercato immobiliare italiano sia passato. E che quindi ci attenda una lenta e lunga fase di stabilizzazione dei prezzi.

Ma ancora: i precedenti tre governi hanno attinto alla fiscalità degli immobili al pari di un bancomat per lo Stato, con effetti distorsivi e di peggioramento drastico dell'outlook dell'intero settore immobiliare italiano.

Per gli immobiliaristi, quindi, solo una revisione della tassazione che colpisce le prime abitazioni e le case vacanze, potrebbe generare un effetto propulsivo e rinvigorente alla salute del settore. Va aggiunto che il mercato delle seconde case è stato pesantemente colpito in Italia, assai più delle prime case, disincentivando, in questi ultimi tre anni, anche gli investimenti di provenienza estera per finalità turistiche.

Oltre alla spregiudicata e disinibita tassazione, vi sono

altri due recenti fenomeni incontrollabili che stanno impattando, in misura rilevante, sulla bontà e valenza di un investimento immobiliare ai fini residenziali.

Il primo è riconducibile, purtroppo, ai fenomeni di occupazione abusiva che hanno caratterizzato la fine del 2014 e gran parte del 2015, colpendo particolarmente le case ad edilizia popolare prive di un contratto di locazione. La vigente normativa italiana non tutela il proprietario e non protegge affatto, sul piano giuridico, l'eventuale investitore.

In secondo luogo, noi scontiamo gli effetti deleteri ed incontrollati dell'immigrazione selvaggia, clandestina, senza tetto né legge, insomma l'invasione che si è verificata negli ultimi tre anni in Italia. Un'immigrazione priva di controllo, in assenza dei requisiti di merito e selezione, che va a colpire profondamente sulle aree residenziali ad edilizia popolare in cui, generalmente, trovano accoglienza o possibilità di disporre di un'abitazione a costi calmierati, persone che arrivano nel nostro Paese con mezzi molto limitati e che spesso si accontentano di vivere anche in stato di disagio abitativo.

Questi fattori di natura endogena - visto che non sono assolutamente governati - contribuiscono a creare un pesantissimo deterioramento del valore delle proprietà residenziali specie se ubicate nei degradati e abbandonati quartieri popolari. Favorendo il proliferare di situazioni di traffici illeciti alla luce del sole o spingendo all'estremo l'abusivismo degli affitti in nero, di cui si approfittano anche i nostri furbetti connazionali.

L'italiano medio, dopo la bellezza di sette anni dal default dichiarato di Lehman Brothers, sta percependo finalmente che la casa in Italia non è più un investimento sicuro, come stiamo ripetendo da svariate pubblicazioni antecedenti a Eucocracy. Soprattutto, la casa non è più un asset da investimento, nemmeno nel lungo termine, poiché produce effetti distorsivi che non possono essere sanati con facilità. E ci riferiamo qui alla possibilità di liquidare facilmente e velocemente un determinato bene immobile oltre alla capacità del bene immobile di mantenere e preservare il valore dell'investimento che viene fatto dal risparmiatore.

Vi è di più. Il mutamento, modesto, di sentiment del mercato immobiliare, che dovrebbe – e sottolineiamo in giallo fluorescente dovrebbe – aver raggiunto una fase di bottom degli ultimi sette anni, sarà legata a doppio filo all'andamento generale dell'economia italiana.

Le banche italiane stanno riprendendo a prestare denaro e ad accendere mutui per acquisto della prima casa. Questo lo si è percepito proprio durante il 2015 quando, su pressioni della Banca Centrale Europea, i vari interventi di supporto monetario al tessuto economico trovano fondamento nell'erogazione di prestiti per la prima casa.

Non è casuale che oggidì le banche italiane siano costrette a prestare denaro, altrimenti rischiano di sostenere oneri finanziari negativi per il mancato impiego di risorse messe a disposizione dall'Autorità Monetaria Europea per il rilancio e la crescita economica dei Paesi della periferia europea, tra cui si trova anche l'Italia.

Ma il nostro Paese non ha implementato, negli anni passati, con governi poco lungimiranti, lo strumento tecnico della "bad bank", cioè una banca di gestione degli attivi immobiliari più problematici che avrebbe sgravato ed alleggerito i patrimoni delle banche italiane e per ciò stesso avrebbe rinvigorito ed innervato la loro capacità di riavviare l'attività di erogazione del credito. E la ripresa e crescita complessive. La Spagna, per dire, ha intrapreso questo percorso di risanamento. Noi italiani ci accorgiamo, con ritardo, di come quello strumento non sia stato purtroppo messo a regime anche per il nostro Paese producendo così una fase di saturazione ed ingolfamento del mercato, per un eccesso di costruzione o per un elevato invenduto ancora presente sul mercato.

Il futuro di questo settore economico, da sempre centrale e strategico per il nostro Paese, è legato anzitutto alla piena consapevolezza e volontà dei futuri governi di alleggerire il carico fiscale, per rendere economicamente redditizio l'acquisto di un immobile per la sua messa a reddito, cosa che ad oggi è assolutamente inconcepibile ed inaccettabile, soprattutto per una nazione come l'Italia che potrebbe sfruttare il proprio mancato potenziale turistico per generare abbrivio al mercato immobiliare.

In secondo luogo, sempre sul fronte politico, dovranno essere congegnati degli affitti sociali, per le abitazioni che al momento non sono locate. E sono vuote, esclusivamente per ragioni fiscali od economiche. L'affitto sociale, che non è altro che un copia e incolla di quanto proposto ad esempio in Spagna dal nuovo partito di sinistra radicale conosciuto con il nome di Podemos, che è già emerso in precedenza in queste pagine, rappresenta uno strumento strategico sul piano normativo per favorire l'occupazione per vie legali di immobili, in questo momento privi di contratti di locazione. E, al tempo stesso, andare in soccorso delle persone più disagiate ed in difficoltà o dei soggetti con risorse limitate, per consentire loro di subentrare nella proprietà intraprendendo un percorso programmato nel tempo. E sempre e comunque rigorosamente nel rispetto della legalità. Qualcuno potrebbe richiamare la formula del "rent to buy", il cosiddetto affitto con riscatto che costituisce allo stato degli atti l'unica strada percorribile per chi vuole provare, in qualità di proprietario di immobile, a vendere non istantaneamente, ma traslando nel tempo il bene immobiliare di proprietà sfruttando l'elasticità che conferisce questa tipologia di acquisto della proprietà mediante conversione in quote di capitale anticipato di parte dei canoni di locazione pagati nel tempo.

Anche in questo caso la fiscalità in Italia non risulta affatto incentivante, né per il locatore e né per il locatario. Creando così le condizioni per un'ulteriore blocco del mercato immobiliare nelle aree metropolitane ad alta urbanizzazione.

Infine, a dimostrazione di come il nodo del mercato immobiliare sia stato ampiamente sopravvalutato dai governi, ricordiamo il fallimento oggettivo dei programmi di vendita di immobili di proprietà pubblica, che nel loro momento di lancio, a livello mediatico, ostentavano una capacità di raccolta, in termini di controvalore dei cespiti venduti, stimata a oltre tre miliardi di Euro. Bene, a consuntivo 2015, sappiamo che il volume delle mirabolanti compravendite di "gioielli dello Stato" si è ridimensionato a meno di un terzo. Con una capacità di cassa di appena 500 milioni di Euro. La montagna ha, come al solito, partorito il topolino.

Il notevole invenduto sul mercato, che nel frattempo ha generato fenomeni di saturazione e ingolfamento immobiliare, presuppone una fase di repricing della maggior parte dei beni immobiliari posti sul mercato. Questa fase, sino ad oggi, è stata comprensibilmente ancora troppo lenta, macchinosa e farraginosa.

Si può e deve auspicare, pertanto, che nei prossimi trimestri possa accelerarsi la discesa delle quotazioni, per produrre un aumento significativo del numero delle compravendite.

Infine, oltre alla fiscalità, vi dovrà essere la stesura e definizione di un programma di incentivi, tanto fiscali quanto finanziari, rivolti alla riqualificazione ed al recupero del patrimonio immobiliare italiano, destinato in caso contrario a diventare il futuro mercato dei "bidoni". Questo termine può semprare volgare, ma è invece riconducibile ad una delle teorie economiche nate nell'Università di Harvard una ventina di anni fa: il mercato dei bidoni, originariamente in lingua inglese era "il mercato dei limoni" ossia il mercato dell'invenduto relativo agli autoveicoli di vecchia immatricolazione. In quanto questi ultimi, nonostante avessero un prezzo particolarmente contenuto e dunque abbordabile, non trovavano offerte di acquisto per le ovvie problematiche legate alla messa su strada di una vecchia automobile arrugginita.

La stessa analogia si potrà applicare a parte del mercato immobiliare italiano, contrassegnato da valori di efficienza energetica tra i più bassi in assoluto, che ormai non possono di certo competere per attrattività con il nuovo che si sta costruendo. Il quale, oltre ad essere appetibile, per ovvie ragioni di risparmio energetico, vanta, già oggi, un prezzo di riferimento molto più attrattivo rispetto a quello riconducibile al vecchio parco immobili tuttora presente sul mercato e da anni ormai invenduto.

6

La sharing economy

In economia, come del resto nella vita, panta rei. Tutto scorre. E resta vero, come sapevano bene gli antichi greci, che non è possibile bagnarsi per due volte nelle stesse acque dello stesso fiume.

A volte, pure a noi viene in mente un aforisma tranchant: tutto quel che è nuovo, non è buono; tutto ciò che è buono, non è nuovo. Questo assioma contiene in nuce un fondamento di saggezza popolare, un nucleo incoercibile e sedimentato di ovvietà. Ma, se facessimo così sempre, se cioè reagissimo come in preda ad un riflesso condizionato davanti a ogni novità e cambiamento, allora cadremmo su posizioni ottusamente conservatrici, arroccandoci in un inveterato misoneismo, che è disprezzo, rifiuto e anche paura nei confronti di qualsiasi novità ed innovazione. Buona o brutta che sia.

E allora, apriamo in questo penultimo capitolo di Eurocracy una pagina veramente nuova, che l'economia globalizzata sta già scrivendo. E se possibile facciamolo senza pregiudizi, né paraocchi.

Con il termine consumo collaborativo si suole definire un modello economico che si fonda su di un insieme di pratiche di scambio e condivisione riconducibili a beni materiali e conoscenze tecniche di varia natura. Il Times ha inserito questo inedito paradigma di scambio e condivisione nell'elenco delle dieci idee che cambieranno il mondo nei prossimi anni.

Siamo al cospetto di un modello che si vuole proporre alle persone come alternativo al consumismo classico. Riducendo così l'impatto che risulta spesso devastante sull'ambiente che ci circonda. E di cui stiamo misurando sulla nostra pelle le conseguenze con gli impetuosi e sconvolgenti cambiamenti climatici: l'estate del 2015 è stata tra le più torride di sempre. E' troppo alto, crediamo, il prezzo di questo sviluppo. E come già scrivemmo in altra circostanza, adesso si tratta proprio di passare dai limiti dello sviluppo, allo sviluppo dei limiti.

Questo nuovo modo di fare economia è stato battezzato "sharing economy" e ha assunto i connotati di un vero e proprio movimento popolare, diffuso in modi trasversali sul piano delle classi sociali: si propone in sostanza come un nuovo modello economico. In grado di rispondere alle sfide della crisi, promuovendo forme di consumo più consapevoli, basate sul riuso dei beni, piuttosto che sull'acquisto e successiva distruzione-eliminazione; sull'accesso e fruizione intelligente e flessibile, piuttosto che sulla proprietà esclusiva (nel senso che esclude tutti i non proprietari di quel determinato bene o servizio).

Come dicevamo, questa sorta di filosofia di vita si può tradurre appunto con la locuzione "economia della condivisione". E questa è una espressione che richiama esperienze di lunga tradizione, soprattutto in Italia, dal mutualismo alle cooperative fino alle imprese sociali.

Come capita a tutti i fenomeni sociali che godono di improvviso successo, sotto lo stesso ombrello ricadono disordinatamente pratiche tra loro eterogenee, assai diversificate. Risulta utile perciò individuarne i tratti distintivi ed omogenei, diremmo unificanti al di là di ogni specificità definitoria.

Il primo tratto caratterizzante pensiamo sia costituito dalla condivisione: ovvero, l'uso in comune di una risorsa, intesa come profilo distinto dalle forme tradizionali di reciprocità, redistribuzione e scambio.

Il secondo tratto distintivo è la relazione peer-to-peer: cioè, la condivisione avviene tra persone (o tra le organizzazioni), a livello orizzontale e al di fuori di logiche professionali, con una caduta dei confini tra finanziatore, produttore e consumatore. Il terzo elemento connotante è una piattaforma tecnologica, che supporta le relazioni digitali, dove la distanza sociale è più rilevante di quella geografica e la fiducia è veicolata attraverso forme di reputazione digitale.

Dopodiché, le esperienze di sharing economy si differenziano lungo diversi assi cartesiani. Vediamo le forme di condivisione: oltre allo sharing in senso stretto, rientrano in questo modello il bartering, che è il baratto 2.0 tra privati (swapping) o tra le imprese, nell'ottica della reciprocità diretta o indiretta.

E il crowding, che avviene quando più persone contribuiscono alla creazione di un bene o un servizio, attraverso risorse creative (crowdsourcing) o finanziarie (crowdfunding).

La condivisione non ha confini, può interessare beni fisici (mezzi di trasporto, dalla bicicletta alla macchina, fino alle barche ed ai vestiti), prodotti digitali (libri, film, canzoni, spettacoli), spazi ad uso promiscuo (abitazioni e postazioni di lavoro) ed infine, competenze e tempo.

Quest'ultimo è un fattore chiave nel successo della sharing economy: l'utilizzo condiviso può essere sincrono, per esempio, divido la mia casa con un'altra persona oppure potrà essere differito, lascio la mia casa temporaneamente a un'altra persona.

La proprietà è il parametro, forse inevitabilmente, più controverso e concettualmente divisivo: il bene oggetto di condivisione può restare al proprietario (come offrire ospitalità a uno sconosciuto); cambiare proprietà (baratto la mia borsa con un paio di orecchini) ovvero essere di proprietà di una parte terza rispetto alla rete tra pari (ad esempio case automobilistiche e amministrazioni pubbliche che offrono servizi di car sharing e accade sempre più spesso nelle nostre città imprigionate da ingorghi apocalittici ogni santo giorno). Il valore dei beni e servizi condivisi può essere determinato in denaro, oppure attraverso crediti/monete complementari o, ancora, rientrare in una relazione di dono (è il caso del couchsurfing). Il prezzo convenzionale dato al servizio o al bene in oggetto, può prendere in considerazione per la sua determinazione elementi che vengono spesso esclusi dalle logiche di scambio: e qui pensiamo, come dicevamo prima, all'impatto inquinante di un oggetto che non sia utilizzato.

Vengono in mente domande. Cosa comporta la crescita della sharing economy ? Quanto questo modello si lega alla crisi economica pluriennale ? Quanto, invece, risponde e va incontro a bisogni più profondi, non utilitaristici ma che si legano ad un ripensamento più strutturale dei rapporti tra economia e società ?

Insomma, la nostra tesi di fondo in Eurocracy è che la sharing economy ponga sfide nuove, avventurose e affascinanti al sistema delle vecchie regole. Che non si applicano più, alle nuove dinamiche sociali ed economiche. E quindi queste stesse regole obsolete rischiano non già di accompagnare e coordinare, bensì di soffocare le innovazioni sociali e di mercato. Sul piano locale assistiamo a tutto un fiorire di iniziative per risolvere le questioni sollevate dall'economia della condivisione nei singoli comparti. Ma si fa già sentire l'esigenza e la richiesta di interventi regolatori, ma non repressivi, di più ampio respiro.

Certo, forse è improbabile, utopistico, irrealistico, che la sharing economy sostituisca in toto i modelli tradizionali. Ma ci si può aspettare che – nei prossimi mesi – le piattaforme di condivisione delle risorse possano rispondere a bisogni e desideri latenti. Favorendo l'innovazione dei modelli esistenti, sia profit che non profit.

È un po' l'evoluzione della vecchia arte d'arrangiarsi, con una tecnologia vissuta come inclusiva, che dirige talenti e risorse verso binari redditizi o almeno alleggerisce il trauma dei conti a fine mese.

Inclusiva, poiché per entrare a farne parte non ci vogliono raccomandazioni politiche, né titoli, né particolari investimenti: sono sufficienti un computer o uno smarphone connessi a internet. Più la scaltrezza annaffiata di lungimiranza nel mettere a frutto quello che si ha letteralmente a portata di mano.

A intrecciare la domanda con l'offerta, provvede una schiera di siti e app, che sono in crescita giornaliera. Come i protagonisti ed artefici della personal economy, dove poter fare leva su se stessi o i propri beni, tramutandoli come per incanto in una fonte di incasso. In cui ci si fida in tutta sicurezza, evitando sòle e fregature sempre in agguato, in virtù di stellette e giudizi.

Signori lettori, non so se ve ne siate accorti: noi ci troviamo in piena rivoluzione industriale. L'economia e i suoi processi di produzione convenzionale mutano velocemente. Abbiamo affrontato questo tema in un precedente pamphlet economico dal titolo "La crisi infinita". Vi erano descritti ed analizzati gli apporti all'economia reale dalle nuove tecnologie digitali, di ultima generazione. Esaminando un po' tutte le sue possibili applicazioni: ci vogliamo riferire qui al Web 3.0. E tutti noi, diciamo a far tempo dagli ultimi sei mesi, abbiamo sentito parlare, con una enfasi sempre più forte, della sharing economy.

Questo termine fu coniato nel 2007 all'Università di Harvard, negli Stati Uniti. Obiettivo dei ricercatori ? Tentare a spiegare, a livello socio-economico, gli effetti e le conseguenze per l'economia retail della nascita e proliferazione di numerosi market place virtuali. Quello forse più gettonato e noto è eBay.

Come vi dicevamo sopra, il termine identifica ora un nuovo modello economico, rivolto a favorire forme di consumo più consapevoli e sostenibili ed ecocompatibili. Ripercorriamo ancora, cercando di chiarirli ulteriormente, i passaggi determinanti della genesi della sharing economy. Che rappresenta, anche dal nostro punto di vista, una nuova rivoluzione industriale, una metanoia culturale come direbbero i filosofi, perché si sviluppa e si articola a fronte di un risveglio della coscienza collettiva, che enfatizza tre driver generazionali.

Primo: la volontà e il desiderio di mettere in comune una risorsa e condividerla con altri utenti o consumatori.

Secondo, la formazione e crescita di relazioni sociali su scala orizzontale; sostanzialmente utenti oggi possono, con facilità, dialogare tra di loro, conoscersi – nonostante siano separati da migliaia di chilometri di distanza – e condividere assieme ognuno la propria esperienza o esigenza di consumo. Viene pertanto frantumato, parcellizzato e messo in discussione il vecchio schema capitalistico per cui esisteva un produttore ed un consumatore, e l'attività di consumo presupponeva l'acquisto e la proprietà di una singola risorsa.

Terzo, la fioritura di piattaforme di relazione sociale che consentono la condivisione in comune di risorse e, al contempo, molto importante per il successo del fenomeno della sharing economicy, anche la nascita di quella che viene definita la reputazione digitale, ossia l'affidabilità e credibilità che può avere un soggetto a noi sconosciuto in base a precedenti esperienze di fruizione intrattenute da altri utenti, di cui noi possiamo tuttavia conoscere la bontà grazie ai meccanismi di feedback positivo, oggi presenti nella totalità delle piattaforme virtuali legate alla sharing economy.

Per semplificare, immaginate di inventare il cosiddetto trapano di quartiere. Fino a poco tempo fa, ogni famiglia acquistava e deteneva la proprietà di un trapano elettrico a percussione, con i vari accessori e arnesi. In un anno, l'utensile sarà stato usato sì e no un paio di volte. E nei restanti 363 giorni ? Beh, il nostro bel trapano stava custodito nella umida cantina, accanto ai vini, o in qualche officina.

Ecco che la sharing economy permette di usare il trapano ad altre persone che ne avessero la necessità nelle restanti parti dell'anno, in cui il trapano rimarrebbe muto e inerte. Improduttivo. Questo consente di evitare che tutte le famiglie acquistino un trapano perché d'ora innanzi, grazie a piattaforme digitali di interazione sociale, è possibile fruire del cosiddetto "pay per use": non ho più la necessità di comperare individualmente un trapano a percussione, ma lo posso prendere a prestito, ad esempio dal mio vicino di casa, per un importo economico prestabilito, solo per il tempo che mi necessiterà. È per questo motivo che si menziona – per spiegare la sharing economy come nuovo fenomeno socio-economico – l'esempio del trapano di quartiere, che potrebbe essere esteso a molti utensili, come pure a elettrodomestici che mettiamo in funzione solo saltuariamente.

Vediamo perciò ancora che il principio basico, su cui si fonda la sharing economy, è la precisa volontà del soggetto di cooperare in ottica mutualistica con l'obiettivo di migliorare la nostra vita e di ottimizzare le spese legate allo stile di vita.

Come dicevamo nelle prime righe del capitolo, il noto periodico statunitense Time ha recentemente pubblicato, in un redazionale, una ricerca sulla sharing economy. Su come questo nuovo modello economico stia di fatto cambiando il mondo, favorendo la risoluzione di bisogni pratici, anche in ottica di non profit e consentendo l'innovazione continua di strumenti volti a migliorare la nostra esistenza.

L'origine di questo fenomeno sembra sia attribuibile proprio alle difficoltà socio-economiche prodotte dalla crisi dell'economia reale a partire dal 2008, periodo dal quale l'economia convenzionale inizia ad essere caratterizzata da tanta depressione economica quanto implosione sul mercato del lavoro. Che provocano a cascata diminuzioni salariali, con perdite di posti di lavoro e incertezze economiche nel medio-lungo termine. Ecco che le persone allora si industriano a fare di necessità, virtù. Creando soluzioni per monetizzare facilmente e velocemente le risorse di cui dispongono. Chi può, mettendo in affitto una delle proprie stanze. Prestando a tempo la propria automobile. Vendendo la propria disponibilità di tempo per fare commissioni di varia natura a favore di altri utenti.

La sharing economy si sviluppa per esigenze di

procacciamento del denaro, per far fronte alle necessità di aumento o compensazione dei propri livelli di reddito netto disponibile a fronte della contrazione economica seguita alla crisi dell'economia reale, che ha impattato negativamente sia sui posti di lavoro, quanto sui livelli di retribuzione, come sulla stabilità e certezza degli stessi modelli reddituali.

Ci pare di vedervi, adesso, giunti a questo punto della lettura di Eurocracy. Un fumetto sulle vostre teste e dentro la domanda: ma la sharing economy è in grado di creare le condizioni di uno sviluppo economico al pari della old economy ?

La risposta che ci sentiamo di dare a questa domanda è: certamente sì. Non per sentito dire: lo abbiamo toccato con mano, in aziende che nel frattempo sono diventate success stories della sharing economy, come il famoso Airbnb, come la contestata Uber o come la dinamica BlaBlaCar.

Tutte e tre autentiche killer application che stanno risolvendo bisogni pratici ed al tempo stesso stanno rendendo molti servizi più fruibili e più accessibili sul piano economico. Allora, vediamoli assieme.

Airbnb è un'azienda che è stata valutata oltre i 25 miliardi di dollari. Sappiamo che è una grande piattaforma virtuale che consente di affittare alloggi, stanze da privato nei confronti di altri privati ottenendo una decorosa remunerazione per questa disponibilità. L'intera applicazione virtuale sta generando un vero e proprio terremoto per tutta l'industria alberghiera tradizionale, perché oggi può essere considerata leader incontrastata, in qualità di market place, per le soluzioni turistiche del cosiddetto "fai da te". Pensate che questa piattaforma di interscambio al presente vale addirittura più di tutta la catena alberghiera Hilton messa insieme, quando quest'ultima, invece, è proprietaria di beni tangibili quali hotel, centri congressi e casinò. Un altro esempio è Uber: avrete presente gli scontri e le polemiche al veleno sulla piazza di Milano. Uber da mesi continua a subire le pressioni dell'industria del trasporto privato regolamentato, leggasi l'aguerrita lobby dei tassisti (qualcuno di voi rammenterà forse le lotte dei tassinari capitolini contro le c.d. "Liberalizzazioni" volute dall'allora ministro Bersani), che incarnano il vecchio che vuole continuare a resistere, di fronte alle nuove istanze di progresso portate avanti da questo nuovo modello di logistica del trasporto privato in cui un utente ha la possibilità, attraverso la relativa piattaforma, di poter prenotare un trasporto con conducente privato a condizioni particolarmente più convenienti rispetto alla chiamata di un taxi tradizionale. Ebbene, già oggi Uber è valutata oltre i 50 miliardi di dollari di controvalore.

Un altra killer application è BlaBlaCar, market place virtuale che consente nel condividere un viaggio in automobile verso una meta prestabilita, con più persone durante il tragitto che contribuiscono, ognuna in proporzione al proprio livello di fruibilità, al costo complessivo della tratta. Così facendo il servizio di trasporto condiviso arriva ad avere tariffe e condizioni particolarmente allettanti. BlaBlaCar, che è valutata più di 3 miliardi di Euro, è già una valida alternativa agli utenti in quelle aree extraurbane in cui il trasporto ferroviario tradizionale non sia pressoché più in grado di fornire un determinato servizio oppure, qualora lo fornisse, i costi della singola tratta sarebbero troppo elevati. E accade in territori sempre più estesi. Con i pendolari sempre più inferociti contro disservizi, vagoni inadeguati e ritardi intollerabili: e tutto a prezzi sempre più esosi.

Airbnb, Uber e BlaBlaCar in termini tecnici vengono definiti "unicorno" ossia società il cui business è ormai valutato oltre il miliardo di dollari. Intanto, sono in continua proliferazione i market place in tutto il mondo che consentono di risolvere bisogni pratici, fornendo innovazione nella fruibilità a costi contenuti.

Altri tre esempi meno conosciuti di sharing economy sono il sito DogVacay.com, che peremtte di trovare un dog sitter per i periodi in cui dobbiamo assentarci per una vacanza o per una trasferta di lavoro evitando di portare il tanto amato cucciolo in una struttura ricettiva predisposta per l'accoglienza agli animali domestici, solitamente troppo costosa.

Un altro esempio di sharing economy sempre come start-up è Turo.com (originariamente nata come RelayRiders.com), un marketplace per il car sharing di natura peer to peer ossia una infrastruttura virtuale che permette di noleggiare la propria automobile a prezzi veramente molto convenienti e competitivi in aree solitamente ad alta densità urbana anche per poche ore e pertanto rendendosi molto più conveniente dei tradizionali e costosi servizi di autonoleggio.

Infine TaskRabbit.com, che ha avuto gran successo anche in Italia negli ultimi dodici mesi, concepito come market place che consente a studenti, disoccupati, pensionati, casalinghe di mettersi a disposizione nei confronti di altri per lo svolgimento di commissioni di varia natura. Commissioni che possono essere il montaggio di un mobile dell'Ikea, la sostituzione di un rubinetto nel proprio bagno, la riverniciatura di una porta del garage e così via discorrendo. The sky is the limit: il cielo e solo il cielo è il limite per questo tipo di applicazioni, di interazioni e di opportunità.

Siamo appena agli albori e in questi termini debbono essere valutate e soppesate le possibilità che si apriranno nei prossimi anni anche in termini occupazionali, come lavori emergenti che l'indotto delle piattaforme virtuali di interazione sociale produrranno.

Per questo motivo, ad esempio, le figure più richieste in termini di insediamento occupazionale saranno sviluppatori e progettisti di software, oltre ad analisti informatici necessari ad elaborare e processare flussi di informazioni e di dati, con lo sviluppo delle architetture informatiche per supportare la vita e la crescita delle nuove piattaforme di interazione.

Non avremo conseguenze positive solo ed esclusivamente per il nostro portafoglio, per il mercato del lavoro, che produrrà un significativo aumento di posti di lavoro ben retribuiti, ma potremmo anche percepire dei benefici indiretti, anche qualora non saremo fruitori diretti dei servizi sviluppati dalla sharing economy. Infatti, il cuore dell'ideologia che sottende l'economia della condivisione, produce benefici diretti ed indiretti sull'ambiente naturale. Con una riduzione degli effetti negativi tradizionali che continua a produrre l'economia classica e retail, che impatta sempre duramente con l'ecosistema ed il paesaggio. Pensiamo solo alla cosiddetta diminuzione dell'impronta ecologica, cioè per dirlo in soldoni: meno auto inquinanti circolanti.

In futuro, oltre al trapano di quartiere, potrebbe esserci l'automobile di quartiere. Quindi non più l'esigenza per ognuno di noi di acquistare e possedere un'automobile, che nella maggior parte del tempo rimane ferma e parcheggiata, ma condividerla nella proprietà con altri utenti, per razionalizzarne l'uso ed ottimizzarne i costi di fruibilità. Per questo motivo si parla oggi più di car sharing che di car pooling (ormai già superato).

Un secondo beneficio che produrrà la sharing economy

sarà un aumento del potere d'acquisto a favore di tutte le community di utenti che potranno, in questo modo, ottenere maggior convenienza e maggior risparmio per il proprio portafoglio. Pertanto, questo produrrà un abbattimento significativo di molti costi e servizi che oggi rendono, magari, poco accessibile o fruibile questo servizio o quel prodotto. Pensiamo ad una chiamata di un taxi o ad una chiamata di un conducente privato attraverso la piattaforma Uber.

Il futuro, cari amici lettori, è già cominciato, sta a noi, a ciascuno di noi, decidere se farsene travolgere, oppure parteciparvi attivamente. Consapevolmente. Poiché resta sempre vero quel che spiegava il grande filosofo illuminista Voltaire: "Chi non vive lo spirito del suo tempo, del suo tempo si busca soltanto i mali".

7

Il signore delle riforme

Ci chiama un amico. Fa il conduttore televisivo per una emittente, come dire, minore (senza offesa). Mi racconta una storiellina secondo me indicativa. Emblematica della deriva renziana dell'articolo 21 della nostra Costituzione. Tutti hanno diritto di manifestare liberamente il proprio pensiero con la parola, lo scritto e ogni altro mezzo di diffusione. Quante volte lo abbiamo sentito citato. La stampa non può essere soggetta ad autorizzazioni o censure: bla, bla, bla.

Nei fatti, questo principio-cardine di ogni sana e matura democrazia, è morto e sepolto. Facciamola breve: A.M. è stato minacciato dai vertici regionali veneti del Partito Democratico. Lui, in campagna elettorale, aveva osato postare sul proprio profilo Facebook alcune frasi sarcastiche verso una ben nota candidata, poi trombata nelle urne. Niente di teppistico, demenziale, demagogico, offensivo. Le solite cose intrinseche e consustanziali al cazzeggiamento imperante sui social. Ma, evidentemente, quanto bastava per fare girare gli zebedei al capetto in testa della situazione. Apriti cielo, gli hanno detto senza giri di parole: "Sappiamo che la tua trasmissione su Tele (omissis) riceve contributi dalla Regione. Li vuoi avere ancora, in futuro ? Se sì, leva subito quelle frasi".

Questo è il clima. Questa è l'aria: irrespirabile (e lo sarà sempre più, è nostra facile previsione), esattamente come quella delle nostre città, ammorbata e malsana in questo pessimo inverno di velenose polveri sottili che ci entrano nei polmoni per ucciderci gradualmente.

La nostra democrazia è malata, molto malata: il termometro è proprio la libertà di critica, di opinione, di pensiero e di stampa. Febbre a 41. Prima dell'ipotermia, che sarà pure peggio: libertà ibernata.

Intendiamoci, a nostro avviso c'è addirittura un modo peggiore delle minacce, per colpire e neutralizzare il dissenso al neo-regime renziano: l'indifferenza. Un cordone sanitario che equivale alla morte civile del dissidente. Molti ci chiedono della pericolosità di Renzi. A nostro avviso, essa risulta dalla propensione a illudere e illudere, e dall'appoggio che in ciò i mass media gli danno acriticamente: l'Italia ha avuto una ripresa minima del pil, ma dopo anni di declino; mentre permangono le sue arretratezze strutturali e competitive, e mentre il suo sistema creditizio, oltre a vacillare sotto il peso di sofferenze perlopiù non dichiarate, applica regole concepite per le grandi imprese del Nord Europa, che lasciano senza finanziamenti il nostro tessuto di piccole imprese.

Crediamo pertanto che Il combinato disposto "riforma elettorale più riforma costituzionale" (votate da una maggioranza che esiste unicamente in forza di un premio di maggioranza giudicato illegittimo dalla Consulta e dallo stesso Capo dello Stato, quando ne faceva parte; ma soprattutto reso possibile dai soliti voltagabbana parlamentari, per bieco interesse e cinico opportunismo) produce un sistema in cui il segretario del partito di maggioranza relativa è il dominus assoluto del suo partito: decide chi mettere in lista, comanda l'unica camera attiva, nomina gli organi di controllo (Capo dello Stato, membri della Consulta, membri laici del CSM, membri delle commissioni di controllo). Egli quindi riunisce, assomma e concentra in sé i poteri legislativo, esecutivo nonché quello di controllo sui poteri esecutivo e legislativo.

Traduciamo in modo ancora più brutale e diretto: sarà possibile dirigere l'Italia intera, senza incontrare le resistenze istituzionali dei cosiddetti "contropoteri", tutti rigorosamente nelle mani del nuovo dittatore democratico. Scrive il costituzionalista Michele Ainis:

Che cos'è una bugia ? È solo la verità in maschera, diceva lord Byron. Difatti al Carnevale delle riforme la verità si maschera, s'occulta, si traveste. La verità genera falsi d'autore e quei falsi diventano poi luoghi comuni. Ma per ragionare a mente fredda dovremmo intanto liberarci dalle bugie che ci raccontano. Ne girano almeno sette, come i peccati capitali.

Primo: in Italia si tentano riforme costituzionali da trent'anni, senza cavare mai un ragno dal buco. Questa è l'ultima spiaggia. Falso: dal 1989 in poi sono state approvate 13 leggi di revisione costituzionale. Se il sistema, nonostante le medicine, non guarisce, significa che la cura era sbagliata. Dunque le cattive riforme procurano più danni del vuoto di riforme.

Secondo: la Costituzione è materia parlamentare, non governativa. È l'argomento sollevato dalle opposizioni. Ma è falso pure questo. Nel 2001 la riforma del Titolo V venne accudita dal governo Amato. Nel 2005 la Devolution era stata scritta di suo pugno dal ministro Bossi. Nel 2012 l'obbligo del pareggio di bilancio fu imposto dal governo Monti.

Terzo: la riforma è indispensabile per accelerare l'iter legis. Giacché in Italia il processo legislativo ha tempi biblici, che dipendono dal ping pong fra Camera e Senato. I dati, tuttavia, dimostrano il contrario.

Quarto: l'elettività dei senatori. Serve per assicurare un contrappeso al sovrappeso della Camera, dice la minoranza del Pd. Falso. Come ha osservato Cesare Pinelli, l'elezione diretta determina l'una o l'altra conseguenza: un'assemblea con gli stessi equilibri politici della Camera, ovvero con equilibri opposti. Nel primo caso il Senato è inutile; nel secondo è dannoso.

Quinto: dipenderà da Grasso, il signore degli emendamenti. Se apre il vaso di Pandora dell'articolo 2, se rimette in discussione i criteri di composizione del Senato, la riforma s'impantana. Ma non può farlo, perché in Commissione la Finocchiaro li ha già dichiarati inammissibili. Giusto ? No, sbagliato.

Sesto: con la riforma otterremo un Senato a costo zero, perché i nuovi senatori pescati tra i consiglieri regionali non intascheranno alcuna indennità.

Davvero ? Mica verranno a Roma in bicicletta: treni e alberghi ci toccherà comunque rimborsarli. Ma dopotutto basta un'occhiata al bilancio del Senato. Nel 2014 Palazzo Madama ha speso oltre mezzo miliardo, di cui 79 milioni per i senatori, quasi il doppio (145 milioni) per il personale. L'unico Senato gratis abita nei Paesi dove non c'è il Senato.

Settimo: o la riforma o il voto. È l'arma nucleare minacciata dal governo per spegnere il sacro furore dei dissidenti, però trascura un elemento di non poco conto. Voteremmo, infatti, con il Consultellum, un proporzionale puro e il primo a rimetterci sarebbe proprio Renzi. È vero casomai l'opposto: dopo la riforma, voto anticipato.

Come detta la logica delle istituzioni, perché non si può tenere in moto un'automobile cambiandone il motore. E come suggerisce, guardacaso, una doppia coincidenza: l'Italicum, la nuova legge elettorale, entrerà in vigore nel luglio 2016; e un paio di mesi dopo il governo intende celebrare il referendum *sulla riforma costituzionale. Sarà per questo che in Parlamento vogliono tirarla per le lunghe. Il tempo porta consiglio, ma il tempo dei parlamentari porta pensione.*

Matteo Renzi in questi mesi di resistibile ascesa al potere, di cui è affamato in modi bulimici, si è auto definito e proclamato "il Rottamatore". L'uomo di cui aveva bisogno un'Italia vecchia, superata, disperata, avviata al declino e all'autodissoluzione. L'uomo della Provvidenza, insomma, Colui che non ha nemmeno più l'elementare bisogno di chiedere (e meritarsi) il consenso. Tanto meno si attarda con l'intralcio di essere eletto dal popolo: e infatti Egli non è mai stato parlamentare, ma dà comandi ai parlamentari come fossero marionette nelle sue mani. Si sceglie e impone in parlamento il Presidente della Repubblica, che invece dovrebbe rappresentare e garantire tutti, super partes. Facendolo, forma la sua terza maggioranza parlamentare, in perfetto stile "africano".
Ora, anche il Presidente della Repubblica è un nominato. Un nominato del Primo Ministro, ratificato da un parlamento di nominati, eletto con una legge elettorale già dichiarata incostituzionale da una Corte di cui era membro lo stesso Mattarella ! Ovviamente non potrà, quindi, svolgere una funzione di controllo e contrappeso rispetto al capo del governo, componente essenziale del cerchio magico.
Ma vi è pure la componente del metodo. E noi sappiamo che in materia costituzionale, la forma è sempre sostanza: Renzi ha scelto l'inquilino del Colle più alto unilateralmente e ha intenzionalmente comunicato il suo nome all'ultimo momento persino al suo partito. Cosa c'è più "di parte" di questo comportamento ? A nostro parere, niente lo è di più.
E vi sarà pure un motivo se Renzi ha scelto questo

presidente. Forse perché egli non minaccia, sia in Italia che all'estero, di contendere a lui la scena e alla Germania l'egemonia imperialista ? Domande, senza risposta.

Ma veramente la vicenda surreale dell'elezione del nuovo presidente della Repubblica ha evidenziato l'assurdità dell'assetto costituzionale del Paese, e ancora di più l'assetto costituzionale che risulterà dalla riforma elettorale congiunta alla riforma del Senato: un assetto in cui un organo squisitamente di parte, parte politica, cioè il segretario del partito di maggioranza, non solo, direttamente o indirettamente nomina i deputati senatori, ma nomina persino il capo dello Stato che dovrebbe controllare e controbilanciare.

È come se il premier britannico nominasse il re o la regina. L'assurdo non potrà mai essere legittimo, nemmeno se imposto con tanto di sacra legge costituzionale. Ma vedremo presto se il Presidente Mattarella asseconderà questo processo eversivo della nostra Costituzione, pensata, voluta e creata dal Padri costituenti.

Ma qualcosa potrebbe muoversi, sottotraccia. Per quanto negate o minimizzate a Palazzo Chigi e dintorni, alcuni osservatori e politologi hanno ravvisato e intravvisto distanze da Renzi nel messaggio televisivo di Capodanno del capo dello Stato.

Impossibile poi non constatare la coincidenza: il discorso di fine 2015 di Mattarella arriva dopo la decisione annunciata nella conferenza stampa di fine anno dal premier: di trasformare in un sostanziale plebiscito su di lui la verifica referendaria della riforma istituzionale che sarà celebrata ad ottobre del 2016.

E non a torto non è mancato chi ha scritto su quotidiani vicini all'opposizione di annessione del discorso di Mattarella da parte dell'opposizione, al netto degli insulti di Beppe Grillo sugli ologrammi di Stato. Marco Travaglio sul "Fatto" ha attribuito a Mattarella addirittura il merito di stare ripristinando la Repubblica dopo la monarchia assoluta di Giorgio Napolitano. E gli ha raccomandato di proseguire sulla strada "del dito nell'occhio al premier e alla sua narrazione ottimista, facilona e populista" del Paese. Dovrebbe farlo sino a contestare esplicitamente a Renzi, e non solo allusivamente, la personalizzazione del referendum d'autunno sulla riforma istituzionale. Un referendum di fronte al quale il governo dovrebbe invece assumere una posizione addirittura "igienica" di neutralità.

Vedremo, ovviamente: e su questo terreno ci perdonerete l'atteggiamento miscredente di San Tommaso. Sempre sul Fatto, Antonio Padellaro ha tirato le orecchie a Grillo, che non si sarebbe accorto dell'attenzione meritoriamente riservata da Mattarella a temi cari al Movimento delle 5 Stelle come la lotta alla corruzione e all'evasione fiscale o la difesa dell'ambiente.

Torniamo adesso alla divisione dei poteri dello Stato: esso sembrava un principio cardine, scontato ed indiscutibile. Un principio indispensabile ai fini della legittimità dello Stato, un'acquisizione definitiva e irreversibile della democrazia occidentale. Ma evidentemente non era così, non in Italia: con le riforme del Senato e della legge elettorale, il giovane e rampante premier italiano è riuscito a rovesciare il lavoro di Montesquieu, è riusvito nell'impresa di ritornare a una struttura statuale come prima della rivoluzione francese. Il premier infatti adesso riunirà in sé il potere esecutivo, il potere legislativo, e un'ampia parte del potere di controllo. E non sono previsti o congegnati contrappesi indipendenti da lui al suo strapotere. Montesquieu nel suo celebre trattato "Lo spirito delle leggi", che fu pubblicato nel 1748, si fonda su una assunto basilare: che può dirsi libero solo quell'ordinamento in cui nessun governante possa abusare del potere a lui affidato. Per prevenire tale abuso, occorrono contrappesi e controlli, occorre che il potere arresti il potere: è necessario che i tre poteri fondamentali – legislativo, esecutivo e giudiziario - siano affidati a persone od organi differenti ed indipendenti gli uni dagli altri. Di modo che ciascuno di essi possa impedire all'altro di esorbitare dai suoi limiti e debordare in tirannia.

Ecco pertanto che la riunione di questi poteri nelle medesime mani, siano esse quelle del popolo o del despota, annullerebbe la libertà perché annullerebbe quella bilancia dei poteri che costituisce l'unica salvaguardia o garanzia costituzionale in cui risiede la libertà effettiva. Il potere corrompe, il potere assoluto corrompe assolutamente: è partendo da questa considerazione, che Montesquieu elabora la teoria della separazione dei poteri. Per evitare che si calpesti la libertà dei cittadini, il potere legislativo e quello esecutivo non possono mai essere accentrati in un'unica persona od organo costituzionale. Tecnicamente, perciò, Renzi ha restaurato l'ancien régime, lo stato assolutista pre-rivoluzione francese.

Con il suo programma di cosiddette "riforme" il premier domina il partito e ne forma le liste elettorali; domina la camera con un terzo circa dei suffragi; domina l'ordine del giorno dei lavori; domina il Senato; sceglie il Capo dello Stato; nomina direttamente cinque membri della Corte Costituzionale e cinque attraverso il capo dello Stato; nomina o sceglie i capi delle commissioni di garanzia e delle authorities. E gestisce tanto altro: dalla Rai alla Cassa Depositi e Prestiti, in pratica, senza spargimento di sangue, si è fatto controllore di se stesso.

In questo Renzi batte Mussolini, perché l'espansione dei poteri del Duce incontrava la limitazione data dalla presenza del re a capo dello Stato, il quale non era scelto, ovviamente, dal Duce ed era al di sopra del suo raggio d'azione, tanto è vero che il Re lo fece arrestare nel 1943.

E' di evidenza solare che l'obiettivo del presidente del consiglio, un target del resto che potremmo definire comune a tutti gli "uomini forti" saliti al potere prima di lui, è quello di consolidare il suo potere personale.

Le sue riforme miravano a questo e non hanno incontrato seri ostacoli da nessuna casta, perché tutto sommato funzionali alla casta politica di cui Renzi è la massima espressione 2.0.

La sua "lotta" è poi contro lo stesso partito che ha scalato e contro quelle parti della società civile che potrebbero dargli fastidio nei suoi propositi: stroncare ogni possibile opposizione allo stato nascente.

Riportiamo qui di seguito il passaggio-chiave di un articolo vergato da un autorevole giornalista liberale. Vale la pena di leggere assieme questo stralcio, per noi assai significativo, del pezzo incriminato.

Ciò che Matteo Renzi sta facendo nel Partito Democratico – l'eliminazione progressiva della vecchia guardia, che pur merita di andare in pensione — rivela che la tanto sbandierata rottamazione è stata solo la giustificazione demagogica di una operazione personale di potere per liberarsi dei concorrenti e conquistarne la segreteria. Il rischio che corrono gli italiani è di finire nel tunnel di una ridicola autocrazia mascherata da riformismo parolaio. Quella che Renzi sta compiendo è l'operazione regressiva che tutti gli autocrati hanno compiuto nei confronti del Partito, o

del movimento, che li aveva portati ai vertici del potere
politico. La rivoluzione sovietica si era rapidamente risolta
nella dittatura del Partito Comunista e del suo comitato
centrale sul proletariato. La stessa operazione avevano
compiuto Hitler nel movimento nazionalsocialista e
Mussolini, nel fascismo, impadronendosene. Non sto dicendo
che Renzi è come Stalin, Hitler e Mussolini, ci mancherebbe;
sto solo segnalando che le stigmate dell'autocrate le ha tutte,
e non le nasconde. In un Paese meno cialtrone, i media
reagirebbero denunciando inganno e pericolo e l'opinione
pubblica ne prenderebbe atto. Da noi, i media fingono di non
vedere o, addirittura, plaudono, con la parte meno matura
dell'opinione pubblica, all'«Uomo nuovo che cambierà
l'Italia» come, nel '22, avevano inneggiato all'originale, in
nome dell'ordine, abdicando alla funzione che, in una
democrazia, dovrebbero esercitare a difesa delle libertà
individuali e collettive.

Lo abbiamo riportato in una quota parte su Eurocracy
perché - per e dopo - questo articolo, Piero Ostellino ha
dovuto interrompere la sua pluriennale collaborazione
(che risaliva al lontano 1967) con il maggior quotidiano
italiano, il Corriere della Sera, che ha pure diretto dal
1984 al 1987. Torniamo adesso sul punto-chiave: abolire
la separazione dei poteri dello Stato è un salto
costituzionale così radicale quanto sarebbe passare alla
legge islamica, alla shariya.
Ma, appunto, chi se n'è accorto ? Nessuno. Ora,
purtroppo, il popolo italiano ha un alibi: le stime
ufficiali rilevano un 47 % di analfabetismo funzionale e
solo un 18 % capace di capire testi un po' complessi.
Figuriamoci Montesquieu. Però, dove sono finiti i
liberali, i democratici, i costituzionalisti, i filosofi, i
politici, gli intellettuali, tutti coloro che hanno sempre
avuto libero accesso ai mass media e che fino a ieri

facevano gargarismi sull'antifascismo, sulla costituzione, sulla resistenza e sulle garanzie individuali ? E dove sono i magistrati con la Costituzione sotto il braccio togato all'inaugurazione luttuosa del nuovo Anno Giudiziario in tempi berlusconiani ?

Chiediamo, perché essi tacciono di fronte alla concentrazione dei poteri in un'unica persona, perché non lanciano alti lai davanti all'abolizione dei controlli e dei bilanciamenti ? Perché non insorgono come facevano in passato per molto meno ? Se non ora, quando, vostro Onore ? O sono cambiati gli ordini di scuderia ?

Tutti in marcia verso il carro del vincitore ? Tutti diretti alla mensa del principe ? I poteri forti, l'Europa del Bilderberg e dei circoli massonici hanno capito che le caratteristiche sociologiche italiane non consentono il risanamento morale, la legalità e l'efficienza. Non vale la pena neppure di metterci le mani: l'Italia è irriformabile. Il nostro simbolo nazionale è il Checco Zalone di Quo Vado. Che altro cerchiamo.

Pertanto i poteri forti si sono convinti che per governare e spremere l'Italia e gli italiani ci vuole proprio il suo autoctono, tradizionale regime buro-partitocratico, con i suoi poteri collegati.

Ciò che ci sentiamo di rilevare è che lo scenario politico italiano attuale presenta due poli emergenti: da un lato abbiamo una situazione economica strutturalmente grave, con tendenze sfavorevoli, non sostenibile quanto a disoccupazione e sistema pensionistico; dall'altro lato vi è il combinato disposto della riforma costituzionale ed elettorale chiamata Italicum.

Lo ripetiamo: tutti i poteri – legislativo, esecutivo e di controllo cioè di garanzia – saranno nelle mani del segretario del partito di maggioranza relativa e premier. Costui, prendendo anche solo in teoria il 25% dei suffragi, si aggiudicherà il controllo totale delle camere, del governo, delle commissioni anche di garanzia, della nomina del presidente della Repubblica, di giudici costituzionali e di componenti del CSM.

Come segretario del partito, inotre, egli ad libitum formerà le liste elettorali del suo partito, decidendo chi si candida e con quali chances di venire eletto.

E' conseguente ed inevitabile che i parlamentari che ne saranno eletti, avranno un vincolo di mandato. Non verso gli elettori, come peraltro la Carta Costituzionale non dispone neppure, bensì nei confronti del segretario del partito.

Un mostro giuridico-costituzionale senza pari nel mondo ritenuto civile: un ritorno al futuro verso un modello di Stato di tipo assolutistico di più di un paio di secoli fa.

Ma la riforma elettorale non solo dà il premio di maggioranza al partito che prende il 25% dei suffragi. Per effetto dell'attribuzione del premio di maggioranza non a una coalizione bensì al singolo partito, la nuova riforma è congegnata per far sì che ci sia un partito fisso di maggioranza, cioè un Partito-Stato – il Partito Democratico – più una costellazione, un pulviscolo di partitini di contorno in funzione di alleati mobili e clientelari del partito di maggioranza.

In previsione di una situazione economica e sociale sempre peggiore, capace di produrre forti tensioni e rotture sociali, sarebbe costituito quindi un apparato statuale autocratico e sostanzialmente bloccato ed inamovibile per completa organica mancanza di alternative: tenete per esempio a mente il ritornello, la litania degli imbonitori dei talk show, ossia è chiaro che non c'è alternativa, possibile o praticabile, a Renzi.

Il tutto, per garantire alla buro-partitocrazia

parassitaria e criminale le sue rendite, le sue poltrone, le sue impunità anche nel disastro nazionale; e insieme per garantire il dominio sul Paese ai grandi interessi finanziari stranieri, con la possibilità di completare l'estrazione o l'acquisizione degli asset nazionali e dei mercati nazionali ancora appetibili attraverso il controllo del suo governo e del suo capo di Stato.

Per nominare un Capo di Stato che funga da raccordo tra la casta nazionale e i superiori potentati europei e americani, un soggetto di garanzia di questo assetto di potere non promanante dal popolo sovrano, nulla di meglio dell'attuale parlamento di nominati.

Un parlamento, ripetiamo, illegittimo e illegale. In questo disegno criminale, giova la condizionabilità giudiziaria e la non agibilità politica del leader dell'opposizione: nove o dieci milioni di voti controllati o neutralizzati. La futura concentrazione di poteri che si prefigura se i cittadini italiani non respingessero il referendum costituzionale, a nostro avviso toglie ogni dubbio sul progetto dittatoriale: non esiste in Europa, neppure in Russia, niente di simile. E davvero neppure il fascismo la realizzò.

Se questo progetto verrà portato a termine, nella totale passività e inerte acquiescenza degli italiani, con la complicità dei media di regime e con l'incoraggiamento dell'eurocrazia, il destino dell'Italia sarà già deciso. E non vi sarà spazio per nient'altro che l'emigrazione. La fuga finale dal disastro irreparabile chiamato Italia.

POSTFAZIONE

Cari Lettori, e ora per chiudere, permetteteci questo micro-thriller in stile **scatti e ricatti**.

L'uomo rifletté, chiuso nei suoi pensieri e al riparo della stanza a prova di cimici. Benvenuti nel Nuovo Ordine Mondiale si disse l'uomo, a cui piaceva, e molto, crogiolarsi nella convinzione di essere una parte essenziale del progetto di dominio mondiale. La prospettiva lo eccitava. Soprattutto, il protagonismo. La visibilità, di cui era ingordo in modalità decisamente bulimiche.

Sul ricercato tavolo in mogano, l'uomo aveva un librone di centinaia di pagine: "Massoneria e Sette Segrete". Il testo era aperto sulla corrispondenza Mazzini-Pike del 1870.

L'uomo sorrise. Non aveva bisogno di leggere simili stronzate, a lui era sufficiente apparire, parlare a braccio e a ruota libera. Gli altri davano l'idea di credere a ogni stronzata che usciva dalla sua bocca, prendendola per oro colato.

Il Nuovo Ordine Mondiale, gli avevano provato a spiegare quei paranoici, è il progetto Paneuropa di tale Kalergi: conteneva tanto l'immigrazione di massa, quanto la mescolanza razziale. Ma anche la teoria gender: l'uomo gettò uno sguardo fuggevole al fascicolo che conteneva il progetto di legge della stepchild adoption, adozione del figliastro/a del compagno omosex.

Forse che pure quello era un passo verso l'instaurazione di questo Nuovo Ordine Mondiale ? C'entrava Lucifero in tutto questo ? Gli scappò una risata a voce alta. Che stupidaggini, che scemenze. Come quelle del transumanesimo prossimo venturo, quando la setta degli "Illuminati-banchieri-internazionali" impianteranno ad ogni uomo un microchip sottocutaneo nella mano destra, trasferendo tutti i dati, denaro compreso, nei microchip, come si dice nell'Apocalisse di San Giovanni. Figurarsi.

Reingegnerizzare l'uomo ? A che scopo ? Nel repertorio delle citazioni che aveva mandato a memoria e di cui faceva sfoggio nelle occasioni pubbliche in cui era protagonista, c'era un aforisma molto famoso: il diavolo è un illuso, perché pensa di poter peggiorare l'uomo. Non serviva altro, secondo lui: l'essere umano era già sufficientemente schiavo, manipolabile e asservito di natura.

Questa roba gli faceva venire l'emicrania. Basta. La misura era colma. Ne aveva abbastanza di cagate, per quel giorno. L'uomo estrasse dalla tasca dei pantaloni lo smartphone nuovo di zecca e compose "quel" numero. Era stata una serata piacevole. Avevano cenato guardando la tv, ma non c'era molta fame di cibo. Perlomeno, non da parte dell'uomo. L'urgenza era ben altra. La nottata poi gli aveva consentito di sfamarsi di lei: quella bellissima donna lo faceva impazzire, letteralmente. Egli era decisamente suo prigioniero. Dipendente da quelle mani eleganti e troppo sicure. Ma l'uomo non se ne faceva cruccio, tanto era il piacere e tali erano le emozioni, da lui mai provate in vita sua, che la donna gli sapeva offrire. Un ricatto valeva bene quell'orgasmo devastante, dopotutto.

Il tempo era volato via, troppo in fretta come sempre quando in quel tempo lui lo condivideva con lei, clandestinamente. La donna dormiva ancora. L'uomo sorrise e le poggiò un bacio fuggevole sulla fronte, sentendo la fragranza dei suoi capelli e convinto che l'avrebbe accompagnato nel corso di tutta la dura giornata di lavoro che lo attendeva. Con l'assedio dei soliti rompicoglioni e l'assalto dei questuanti leccaculo. Avesse potuto deportarli tutti in Alaska, ma forse quel momento si avvicinava. Si vestì in fretta e uscì all'aria frizzante del primo mattino, quando ancora le tenebre contendono il dominio alla luce del sole. Solo a quel punto l'uomo provò dentro di sé la pienezza del potere e del dominio su tutto e tutti. Lo scooterone era lì dove l'aveva lasciato. Era dovuto ricorrere al solito sotterfugio con quelli della scorta, egli non sopportava quella prigionia, dorata ma pur sempre una prigionia. L'uomo trasse un altro sospiro, riempiendosi i bronchi mentre si calava il casco integrale sulla testa. Un lampo nella mente, la bizzarra associazione di questa situazione a quella vissuta da un famoso "collega" transalpino, incauto, decisamente.

Pizzicato con l'amante. Allora l'uomo come per istinto si guardò attorno, improvvisamente circospetto. Guardingo. Si rassicurò subito: non c'era anima viva nei paraggi. Un cencioso cane randagio passò aderente al muro senza degnarlo di una occhiata. Non c'era di che preoccuparsi. Allora l'uomo avviò il motore dello scooter, senza accorgersi minimamente che, dall'altra parte della strada, nascosto e riparato dietro i vetri fumé di un suv, un paparazzo di una nota agenzia scattava a raffica con la sua macchina fotografica digitale dotata di teleobiettivo.

Mentre continuava a scattare, il fotografo sorrideva, sornione, proprio come il gatto che sta per gustarsi il topo finito in trappola. La domanda che aveva accompagnato l'ultima istantanea era stata: Quanto mi renderanno?

Vi era stata però una domanda successiva, che aveva preso corpo nella testa del paparazzo. Invero, una domanda bizzarra, ma niente affatto peregrina. Visto che il fotografo conosceva come le proprie tasche le abitudini del genere scatti & ricatti del suo ambiente: Scommettiamo che non usciranno mai?

Achtung: questo racconto è un'opera di finzione. Personaggi, luoghi, circostanze ed avvenimenti sono frutto dell'immaginazione degli autori. Eventuali somiglianze a fatti, organizzazioni e località o persone, vive oppure defunte, sono puramente casuali.

NOTE SUGLI AUTORI

Eugenio Benetazzo è un economista e saggista fuori dal coro, conosciuto alla stampa di settore come il Nouriel Roubini italiano per il suo modo irriverente e dissacratore con cui analizza e racconta lo scenario macroeconomico contemporaneo.

Operatore di borsa ed al tempo stesso analista finanziario, vive e lavora in Italia, Spagna e Malta, è considerato un vero e proprio guru soprattutto grazie alla sua ineguagliabile capacità di lettura e sintesi del panorama finanziario e socioeconomico della nostra epoca. I suoi seminari finanziari sulle dinamiche del risparmio gestito e sulle opportunità di investimento, convogliano migliaia di persone da tutta Italia desiderose di apprendere la sua view sui mercati.

Le sue opinioni appaiono sempre più spesso sulla stampa finanziaria di settore: la sua figura è balzata agli onori delle cronache finanziarie per aver previsto e profetizzato con largo anticipo la crisi del 2008 con il bestseller allora controcorrente scritto nel 2006 denominato "Duri e Puri: Aspettando un nuovo 1929" ed un ciclo di show finanziari itineranti in tutta Italia dal titolo Funny Money.

Nel 2009 ha pubblicato il pamphlet economico Bancarotta incentrato sulle conseguenze economiche della crisi dei mutui subprime, nel 2010 dimostra ancora di essere in grado di leggere meglio di chiunque altro il panorama finanziario, pubblicando L'Europa sé rotta, anticipando di un anno la crisi del debito sovrano europeo esplosa nell'estate 2011. Ricopre la carica di Presidente in Deltoro Asset Management, un incubatore finanziario configurato in società per azioni, di cui lui stesso è fondatore ed azionista, nato dall'aggregazione di centinaia di piccoli investitori e risparmiatori italiani desiderosi di cogliere le migliori opportunità di investimento attraverso un meccanismo decisionale basato sulla partecipazione collettiva di tutti gli azionisti.

Il suo tour itinerante con spettacoli di informazione finanziaria ha ormai attraversato tutta la penisola. Le sue analisi macroeconomiche sono richieste da una pluralità di interlocutori economici differenziati: sono migliaia ormai in tutta Italia i bloggers che riportano e veicolano le sue recensioni sulle principali notizie economiche.

Gianluca Versace nasce a Monfalcone, in provincia di Gorizia, è laureato in giurisprudenza, giornalista professionista, è uno dei volti dell'informazione dell'emittente televisiva nazionale Canale Italia. Ha prodotto e ideato format di numerosi programmi di informazione politica. Ha diretto il Quotidiano del Molise, il mensile politico "La Specola", è stato cronista de "Il Resto del Carlino" di Bologna, "La Nazione" di Firenze e il "Piccolo" di Trieste. Coordina il Premio Giornalistico nazionale "Cesco Tomaselli" per il Comune di Borgoricco. A diciott'anni ha pubblicato il suo primo romanzo, "Il teatro degli gnomi", finalista nell'88 al Premio letterario "L'Autore" di Firenze. E' sua una tra le trasmissioni tv più discusse e clamorose degli ultimi anni: il 4 gennaio 2003, negli studi di Serenissima tv, la puntata del suo programma "Attenti al Lupo!", dedicata al conflitto di civiltà tra Islam e Occidente, si trasformò in una violenta rissa tra il professor Carlo Pelanda e Adel Smith: immagini finite sugli schermi delle più importanti emittenti mondiali. Scrive per il periodico "Il Piave": nell'estate 2014 ha pubblicato per Publimedia una raccolta di articoli, intitolato "Razza Piave", giunta alla decima edizione. In coppia con Benetazzo, per Chiarelettere, ha già pubblicato il fortunato "Neurolandia". Con il thriller "Il Domatore del Fuoco" (Mazzanti Libri), ad agosto 2012 ha vinto il "Premio Internet Cortina d'Ampezzo". Nel 2015, a quattro mani con Franco Trentalance, ha pubblicato per Ultra-Castelvecchi il giallo "Tre giorni di buio".

FONTI BIBLIOGRAFICHE

- FMI   www.imf.org
- BCE   www.ecb.org
- OPEC   www.opec.org
- UNHCR   www.unhcr.org
- Time   www.time.com
- China Daily   www.chinadaily.com.cn
- Sina   www.sina.com
- Washington Post   www.washingtonpost.com
- The Guardian   www.theguardian.com
- New York Times   www.nytimes.com
- MarketWatch   www.marketwatch.com
- WS Journal   www.wsj.com
- USA Today   www.usatoday.com
- El Pais   www.elpais.com
- Economist   www.economist.com
- Harvard Review   www.hbr.org
- ISTAT   www.istat.it
- MEF   www.mef.gov.it
- Censis   www.censis.it
- ISTAT   www.istat.it
- Nomisma   www.nomisma.it
- Corriere della Sera   www.corriere.it
- Il Sole24ore   www.ilsole24ore.it

ALTRE OPERE DEGLI AUTORI

- **Duri e Puri, Aspettando un nuovo 1929**
  Editore: Macro Edizioni, 2006
  Autore: Eugenio Benetazzo
- **Best Before, Preparati al peggio**
  Editore: Macro Edizioni, 2007
  Autore: Eugenio Benetazzo
- **Banca Rotta**
  Editore: Sperling & Kupfer, 2008
  Autore: Eugenio Benetazzo, David Parenzo
- **L'Europa s'è rotta**
  Editore: Sperling & Kupfer, 2009
  Autore: Eugenio Benetazzo, David Parenzo
- **Padrone del tuo denaro**
  Editore: Sperling & Kupfer, 2010
  Autore: Eugenio Benetazzo
- **Era il mio paese**
  Editore: Baldini Castoldi, 2011
  Autore: Eugenio Benetazzo
- **Neurolandia**
  Editore: Chiarelettere, 2012
  Autore: Eugenio Benetazzo, Gianluca Versace
- **La crisi infinita**
  Editore: Create Space, 2014
  Autore: Eugenio Benetazzo